把时间当作朋友

一本足以改变青少年人生的心智成长之书！

李笑来 著

长江出版传媒　长江文艺出版社

图书在版编目（CIP）数据

把时间当作朋友：青少版 / 李笑来著. -- 修订本
. -- 武汉：长江文艺出版社，2023.5
ISBN 978-7-5702-1358-0

Ⅰ. ①把… Ⅱ. ①李… Ⅲ. ①时间－管理－青少年读
物 Ⅳ. ①C935-49

中国国家版本馆 CIP 数据核字(2023)第 031739 号

把时间当作朋友：青少版
BA SHIJIAN DANGZUO PENGYOU：QINGSHAO BAN

责任编辑：刘兰青　　　　　　　　责任校对：毛季慧
设计制作：颜森设计　　　　　　　责任印制：邱　莉　王光兴

出版：长江出版传媒 ｜ 长江文艺出版社
地址：武汉市雄楚大街 268 号　　　邮编：430070
发行：长江文艺出版社
http://www.cjlap.com
印刷：湖北金港彩印有限公司

开本：880 毫米×1230 毫米　　1/32　　印张：7.125　　插页：1 页
版次：2023 年 5 月第 1 版　　　　2023 年 5 月第 1 次印刷
字数：120 千字

定价：48.00 元

● 本书定位——这不是一本什么样的书？

有些时候，有些事物，从反面描述比从正面描述更为容易。如若先仔细说清楚这本书不是什么，之后对"它究竟是什么"这个问题，可能就不言自明了。

● 这本书不是时间管理书籍

尽管本书的内容也包括任务管理等与常见"时间管理技巧"相关的内容，但是，本书主张时间不可管理、一切都靠积累。

更进一步地说，本书主张一个人必须在开启心智、提高思考能力之后，才能够用正确的方法做正确的事情。也只有这样，时间才是朋友，否则，它就是敌人。很多"时间管理技巧"并非无用，但往往由于使用者心智能力低下甚至尚未开启心智，致使那些技巧只能治标，不能治本，甚至既不治标，也不治本。

● 这本书不是成功学书籍

我不赞同大多数所谓成功学书籍里的观点及论证方式。这本书里没有出现"小心成功学"这个标题，我的观点从未改变：成功从来不是人人都可以做到的事情，过去不是，现在不是，将来依然不是。基于比较的成功观，是伤人的、害人的。事实上，对年轻人来说，成长比成功更重要，而且，这才是人人都可以做到的事情，才是人人都值得追求的事情。而成长其实只有一条路——积累。

● 这本书不是心灵鸡汤式的书籍

这本书里没有安慰，因为这本书不是写给脆弱的人的——只有脆弱的人才不断需要安慰。现实是残酷的，生活是艰难的，无论什么样的时代，无论对哪一个层次的人，都是如此，对大多数年轻人来说，更是如此。人的理性建立在接受现实的基础上，不能接受现实，一切成长都是虚妄。只有坚持的人才能接受现实，只有接受现实，才可能开始运用心智做出理性的决定，进而才有可能做时间的朋友。

●这不是一本讲大道理的书

我只不过是一名从业经验丰富的教师而已，并非所谓的"成功人士"。尽管字里行间可能透露出说教的神态，但，相信我，讲大而空的道理是我从很小就憎恨的行为。我只想把这些普遍困境的最佳解决方案用朴素的论述、详尽的说明、直接的方式传递出去。很多道理都非常简单，却至关重要。现实就是这样，有用的道理往往都是简单的，甚至简单到令大多数人不由自主地忽视的地步。从另一个方面讲，这本书所传递的信息，原本只不过属于常识，可由于种种的原因，并没有被真正普及、理解，实在可惜。

●这不是一本随便翻翻就可以的书

随便翻翻就可以的书，不值得读。如果您拿到本书，只是想随便翻翻，那我还是劝您算了吧，因为那么做没什么意义。这本书里的很多文字，需要读者耐心读到最后再做判断，而非看到只言片语就进入抗拒状态，然后不由自主地断章取义——因为书中有很多观点和结论会与读者的现有看法不同，甚至相对。尽管这本书的第一版得到了非常多的好评，豆瓣上评分长期为 8.7，甚至被列为中国书刊发行协会 2010 年度全行业优秀畅销品种，可根据读者的实际反馈来看（尽管负面的很少，但往往更重要）：读不进，进一步因为读不出而产生误解的人很多。但读过之后您就会明白，有效沟通在一些特定的情况下究竟有多难。

　　无论是谁，都最终在某一刻意识到时间的珍贵，并且几乎注定会因懂事太晚而多少有些后悔。病了要投医，病急了就很可能乱投医。可能书店里各种各样的关于"时间管理"的书籍多半于事无补——至少这是我自己的经验。一方面是束手无策，另一方面是时间无情的流逝，恶性循环早已经形成——要做的事情越来越多，可用的时间越来越短；而因此时间越来越珍贵，时间越来越紧迫；时间越珍贵就越紧迫，时间越紧迫就越珍贵……压力越来越大，生活成了一团乱麻。

　　时间是个问题，可是"管理"它却不是正确有效的方法，因为那是几乎做不到的事情。之所以后来换成这个名字，在于"把时间当作朋友"更能体现本书的实质，我自己也是在写作的过程中才清楚地意识到"管理时间"的说法有多么荒谬。人是没办法管理时间的，时间也不听从任何人的管理，它只会自顾自一如既往地流逝。"管理时间"只不过是人们的一厢情愿而已。换言之，人类能做的事情只不过是发明改进测量时间的工具而已，根本没有任何办法去左右时间。

终于有一天，我对自己说"承认了吧，你对时间的流逝无能为力。"那一刻的醒悟，感觉就像凤凰涅槃一样浴火重生——这个说法多少有点矫情，但又确定过于准确而无可替代。那一瞬间，我已经30多岁——还好，并不算太晚。

要管理的不是时间，而是自己。人们生活在同一个世界，却又各自生活在自己的那个版本之中。改变自己，就意味着属于自己的那个版本的世界将会随之改变，其中也包括时间的属性。开启自己的心智，让自己能够用最可能准确的方式思考、观察、记录、总结、分享和行动，那么自己的时间就会拥有不同的质量，进而整个生活都必然因此焕然一新。

人生的幸运在于能够"用正确的方式做正确的事情"。而什么是正确的或者更好的方式，什么事情真的值得去做，需要运用良好的心智才能做出尽可能准确的判断。若真的做到"用正确的方式做正确的事情"，那一瞬间，时间无须管理（当然就算想管理其实也没有人能够做到），它是你的朋友，陪你亦步亦趋走到最后的朋友。

我终于明白为什么过去读过的那么多"感觉上有

道理"的文字却最终"感觉上并无帮助"了。也许是自己被误导了，也许是过去太愚钝，我竟然没有意识到"管理"的焦点根本就不应该是时间，而应该是我自己！过去我读过的许多时间管理书籍里的方法肯定是（至少应该是）有用的——就好像是巧匠手中的工具，不可能没用。武侠小说里的那些江湖高手，手拿一根树枝也一样可以横扫天下，可是对一个手无缚鸡之力的人来说，给他干将也罢，莫邪也罢，又有什么用处呢？

　　找到问题的根源，就真的有了希望。

李笑来

2009 年春于北京

PART 1 拖拉：
时间问题无处不在

第一章 是谁偷走了你的时间

1. 糟糕，没时间了 // 005

2. 有种病叫"时间恐慌症" // 010

第二章 告别拖拉

1. 为什么总是半途而废 // 019

2. 什么都舍不得丢，只会丢了时间 // 024

3. 道理都懂，为什么还是一错再错 // 026

PART 2 改变：
重新认识时间与自己

第三章 停下来，与时间聊聊天

1. "时间"到底长什么样 // 037

2. 控制大脑，人类也有"超能力" // 041

3. 开启心智，让你的大脑打怪升级 // 045

4. 记录时间，开启人生的成功之旅 // 048

5. 制订预算，在有限的时间里总是做对的事情 // 055

第四章 要管理的不是时间而是自己

1. 不急躁：速成绝无可能 // 063

2. 不气馁：用"我有的"才能换"我要的" // 067

3. 不拖延：只要做事，就一定会出问题 // 071

4. 不逃避：效率低下的根本原因是回避困难 // 076

5. 不奢求完美：没什么事情是一下子就能做好的 // 080

6. 不钻牛角尖：未知永远存在 // 084

7. 不空想：认清现实做正确的事 // 089

8. 不被梦想绑架：有什么学什么，学什么都努力 // 094

PART 3

成长：
与时间成为终生的朋友

第五章 与时间做朋友，搞定一切还能玩

1. 改变自己，现在就来试一试　　　// 107

2. 不做思想的懒汉　　　// 111

3. 提高学习效率，让玩的时间更多点　　　// 114

第六章 让学习成为一件快乐的事情

1. 学习是人生最宝贵的礼物　　　// 121

2. 所有学习的开始都会充满疑问　　　// 126

3. 不是有兴趣才能做好，而是做好了才有兴趣　　　// 134

4. 提高自学能力，比别人更快一步　　　// 137

5. 所有学习上的成功只依靠两件事——策略和坚持　　　// 141

第七章 最容易被忽视的五把学习金钥匙

1. 离开思维陷阱，学习会变得很容易　　　// 151

2. 换个方式说话，嘴巴也能训练大脑　　　// 154

3. 学习倾听，沟通其实很容易　　　　　　// 161

4. 善于积累，灵感多到让你惊喜　　　　　// 166

5. 勤于反思，经验越多越有发言权　　　　// 169

第八章 成功是用正确的方法做正确的事情

1. 三思而行：提高效率的三个秘笈　　　　// 177

2. 制订计划：从短到长，马上去做就对了　// 181

3. 预估时间：完成任务时总会有意外　　　// 190

4. 优化步骤：一心也可以二用　　　　　　// 194

5. 有魔力的列表：让学习和生活都能井井有条　// 199

6. 预演：出色完成任务的重要一步　　　　// 205

7. 验收：本质相同的考试与电子游戏　　　// 210

PART 1

拖拉：时间问题无处不在

第一章
是谁偷走了你的时间

Deadline——做不完你就死定了！

很多学生既勤奋又懒惰，

是因为他们得了一种"病"

——时间恐慌症。

1. 糟糕，没时间了

　　下周一就要英语考试了，你还有 5 张英语卷子没有做。周五放学前你就做好了计划——周五看球，周六打篮球，周日做卷子……5 张卷子而已，有周日一整天的时间，绝对没问题。所以你周五痛痛快快地看了几场球赛——欧洲杯和 NBA 都已进入关键赛段，你还特意重温了最精彩的几场。周六和同学在球馆打篮球，你抢到了一个篮板球，球风太顺了！这个周末过得实在完美。不对，你好像忘了什么？天啊！周日还有卷子要做……

　　周日你起了个大早，吃完早饭，走向书桌的途中，你突然想起昨天的脏球衣还塞在书包里。你赶紧回房间取出脏球衣，把它们塞进洗衣机滚筒。如果妈妈在家看到这一幕，一定会流出感动的泪水，这是她平时

经常数落你，而你从来不主动干的事儿。而今天，为了晚一点做那些卷子，你宁愿当一回"乖宝宝"。

再次前往书桌的途中，你突然想起来昨天抢到的那个篮板球。说来有些懊恼，打了3年篮球，那是你抢到的第一个篮板球。"我肯定长高了"，你这么想着，在门框边站直身体——哇哈哈！真的长高了3厘米！你在门框上用蓝色的油性笔做了一个记号，用手机拍了一张照片，发在了微信朋友圈，并且得意地关联到了QQ空间。

经过几番挣扎，你终于决定"正式开始"！

你心情沉重地把英语卷子拿出来，再也没有什么理由阻挡你做卷子了吧？手机传来"叮"的一声，有人回复了那条朋友圈，是昨天一起打篮球的同学："这什么鬼呀？昨天的球赛看了没有，别跟我说你看跑男去了。"

你脑袋嗡的一声响，凌晨有欧洲杯小组赛的直播，明明上好闹钟才睡的，居然没把你闹醒！赶快补起来，不然被这帮人剧透了就糟了。喂喂！你还有卷子没做！卷子？卷子是什么？

你以光速打开IPAD，点开视频APP，关掉弹幕。其间，只在插播广告的时候，去厨房冰箱拿了一罐可乐，吃了一包薯片。整场比赛52分钟，你的眼睛几乎没有离开过液晶屏。

球赛结束，你粉的球队输了，怀着满腔悲愤，你回复了那条朋友圈，很快，你同学也回复了你，于是，你们就在那条朋友圈之下，你来我往聊了起来。聊得正欢，你妈妈在你的朋友圈下面发布了一条评论："喂，你长高了我很高兴。但是这次英语考试要是考砸了，我会很不高兴……你的卷子还没开始做吧？！"

真是知子莫若母……你陡然抬头看向墙上的时钟，失声惊呼："糟糕，没时间了！"

以上的这一幕是不是似曾相识？整整一天时间，你的钢笔还在笔袋里，英语卷子一片空白。太尴尬了……你明明就想做的，可却一拖再拖。这尴尬无论是谁——你的同学，你的好朋友，甚至你的父母，你的老师，要么已然经历，要么将会经历，没有例外，无法幸免。你和他们一样，都将因此感受到压力。

完成任何任务都需要一定的时间，同时，任何任务都有一个最后的期限，在英文世界里，它被称为"deadline"，并且，它有一个生动的中文翻译：做不完你就死定了！看到这句话，你一定会想起寒号鸟的故事。在寒风里冻得瑟

瑟发抖的寒号鸟，一次次地唱着："哆啰啰，寒风冻死我，明天就垒窝。"这只患有严重拖延症的可怜小鸟，唱着唱着就冻死了。

嘀嗒，嘀嗒，嘀嗒，时间永不停歇地向前奔跑。当你在拖延中浪费掉大把时间，无法完成任务的时候，这嘀嗒声听起来会格外刺耳。很快，周一到了，面色铁青的英语老师拿着你的英语卷子，不到 1 分钟，已经给了你好几个白眼；下午放学，还有板着脸的老妈等着数落你，新款篮球鞋什么的就不要再想了。当然，这些都不重要。真正让你难过的是——挫败感。被自己的拖延打败，这滋味实在不好受。而更让你难过的是，这种挫败感会一直在你的生活和学习中反反复复地出现。

时间究竟是怎样从我们眼皮底下一点一滴溜走的呢？让我们看看问题出在哪里。

仔细分析一下，问题似乎也很简单，无非就是以下几种情况：

1. 没有按时开始执行任务。

2. 错误估算完成任务所需要的时间。

3. 在任务的执行过程中出现了差错。

果真如此的话，那么解决方案也很简单：

1. 按时开始执行任务。

2. 正确估算完成任务所需时间。

3. 在执行任务的过程中不要出差错。

把解决方法罗列出来，问题似乎变得很好解决，但是，当你面对真实情况的时候，你还是会一次又一次落入相同的"陷阱"。我们到底该怎么办呢？

2. 有种病叫"时间恐慌症"

有一天下课之后，一个男同学递给我一本《TOEFL iBT 高分作文》，想请我在上面签名。这本书是我写的，一直以来很受同学们的欢迎。我给他签名的时候，他问我："老师，你说，如果我把你这本书里的作文全都背下来，到了考场上照写一篇，会不会被判雷同呢？"当时我一听就有点生气。虽然没有发作，但是语气有些不太友好："你说呢？"那个男同学脸红了一下，迅速走掉了。

其实，在这件小事中，真正受"伤害"的是我这个老师。我是一名英语老师，英语作文一直是我最喜欢教授的科目。这门课可以讲的内容非常多，而我在课堂上很少讲语法、词汇、修辞之类的东西，我认为那是同学们很容易通过自学掌握的知识。我更喜欢讲思维方法，因为这个才是写好英语作文的关键所在。只有想清楚了，才可能写清楚。

在课堂上讲解如何思考是一件非常快乐的事情，一方面可以帮助我自己锻炼思考这项技能；更重要的是，它能真正帮我的学生们写好作文，他们上我的课也非常开心。可是那位找我签名的男同学却彻底打击了我。我那么卖力地讲道理：思考很重要，要学会思考！结果，别说思考，他连作文都想要抄现成的。难道我的课讲得那么没有效果吗？我上课时表达得还不够清楚吗？"作文，当然要自己写；就算范文，也是用来参考的。"而且我在《TOEFL iBT 高分作文》的前言里花费了许多笔墨去讲如何参考范文。结果怎么会是这样？

这件事对我的触动极大，当我仔细分析原因的时候，发现这是一件非常矛盾的事情：一个不愿意自己动脑筋写作文、考试想抄作文的同学，你说他懒不懒？非常懒！但是，一个这么懒的人，为什么又愿意把书里的 185 篇作文，全部背下来呢？能够下定决心背这么多文章的人，怎么能说他懒呢？简直就是非常勤奋呀！

为什么一个看起来如此懒惰的学生，却又貌似勤奋呢？我真是哭笑不得。而且要命的是，还不止一个学生这样问我。许多很努力的学生都曾半开玩笑地问过我这样的

问题。所以，这肯定不是个别人的疑惑，而是一种相对普遍的现象。

经过反复询问，认真观察，我终于找到了问题的答案：很多学生既勤奋又懒惰，是因为他们得了一种"病"——时间恐慌症。

据我了解，这些同学都非常勤奋，周一至周五按时上下学，周末还要起个大早去各种补习班里上课。他们偶尔也会玩玩手游，也许还会看看电影，但他们更多的时候都在努力，甚至废寝忘食。正是一种叫"没时间了"的想法使他们"勤奋"，同时，他们也因为"没时间了"总想找捷径，美其名曰提高效率，而实际上却是想着不费吹灰之力。但是这个世界上有捷径吗？显然没有，而"没有时间了"却是冷冰冰的铁一样的现实。

"没时间了"确实是一件让人头痛的事，你每天早上一睁开眼就必须要抓紧时间吃早饭，否则上学就会迟到；放学后到睡觉前你只有三四个小时，你必须写作业、复习、预习，你不抓紧时间根本完成不了；一个学期只有四五个月，你要在此期间学习各样知识，参加各种补习，做海量的题目，否则你就应付不了考试；时间是有限的，你总是在面对"没时间了"。当这种感觉变成一种恐慌引起慌乱的时候，它会让人不由自主地凡事走捷径，变得既勤奋又懒惰，既聪明又愚蠢，既勇敢又懦弱，既满怀希望又时刻感到绝望，既充满自信又随时会感到自卑。

　　但是面对同样的困境，每一个班上都会有一小部分同学，他们丝毫不恐慌，不论是在学习还是在生活中，他们总能从容地面对所有事：按时交出不错的作业，从容地参加每一场考试，并且取得不错的成绩。在一样有限的时间面前，他们为什么没有表现出慌乱？他们是怎么做到的呢？

小测试：

你是否能合理安排时间？

	是	否
1. 你通常要学习很长时间吗？	☐	☐
2. 那些原本需要在课堂上消化的知识点，你总是回到家里再看一遍才能消化吗？	☐	☐
3. 你感到很少花时间去做你想做的事吗？	☐	☐
4. 如果没有完成当天的学习任务，你是否有负罪感？	☐	☐
5. 即使没有出现特别状况，你也经常感到学习有很多压力吗？	☐	☐
6. 你的学习中总有一些没弄懂的东西被你一拖再拖吗？	☐	☐
7. 你经常在做功课时被打断吗？	☐	☐
8. 你经常因为没有办法完成当天的学习任务而占用睡觉时间吗？	☐	☐
9. 在上个月里，你是否忘记一些重要的约会？	☐	☐

10. 你时常把作业推到最后一分钟，然后很努力地去做完它们吗？

11. 你觉得找借口拖延你不喜欢做的事容易吗？

12. 你总是感到需要做一些事情而保持繁忙吗？

13. 当你长休了一段时间，你是否有负罪感？

14. 你经常没时间阅读课外书籍吗？

测试结果分析：

11—14 "yes"，救命！你在时间安排上需改进。

7—10 "yes"，当心！你需要重新审视你的时间行动指南。

3—6 "yes"，可以！方向正确，但需要提高冲劲。

0—2 "yes"，恭喜！坚持并保留你的方法。

第二章

告别拖拉

把错误的标签贴在自己身上，

只会把自己推入反复失败的陷阱。

坚持不懈就是策略加上重复。

1. 为什么总是半途而废

当我们拿起一本新书，通常会翻到目录页，挑一节最感兴趣的章节首先阅读。我大胆猜测，应该会有很多同学首先翻到这一页。如果你是这样，不要觉得丢脸，因为，我们大多数人在人生旅途中，总有那么几十件甚至几百件半途而废的事，这是全人类的通病。不管怎么说，放弃可能是这个世界上最容易做到的事了。

为什么总是半途而废呢？我们还是先来构建一个场景，看看到底发生了什么事。

你有一位喜爱的歌手，有一次他在你居住的城市举办了一场演唱会。你和同学们一道去看了。在那场演唱会上，那位歌手载歌载舞，临近中场的时候，整个会场的灯光熄灭了，一架三脚钢琴从舞台中央升起，

歌手坐在琴凳上，自弹自唱。当时，你完全被这个画面迷住了。在那一瞬间，你突然渴望成为一个有能力自弹自唱的人。回家的路上，你思考了这件事，其实这也并不难，家里有钢琴，在你五六岁的时候，也曾去学过一些基础。如果从明天开始练习，每天一个小时，可能用不了一年，不，半年，你就可以帅气地自弹自唱了。

你果然是一个说到做到的人，第二天你就打开了钢琴，翻出了旧琴谱，第一天你畅快地练了一个小时，第二天、第三天你都坚持了下来。但是第四天，你的作业有一点多，写完以后，时间已经很晚了，所以你只练了半个小时。第五天是周末，和朋友一起出去玩了几个小时，回家的时候你已经困得手都抬不起来了。接下去的几天因为各种各样的事，你都没有完成"一天练一个小时"的目标，于是，你懊丧地想："唉，还是放弃吧，我就是个没有毅力，容易半途而废的人！"

大多数人都有过这样失败的经历，学期开始时你计划背一千个单词，学期末却只背了三百个；早上准备要做的事，到了下午都没有完成……这些小小的失败每时每刻都有可能发生，你认真地寻找过失败的原因吗？我经常听到的是这样一种检讨："计划得再好也没有用，我就是个没有毅力的人""一件事我坚持不过三天，没办法，我是个没有毅力的人""想得到但是做不到，我就是太懒了""我总是拖延，我改不了我的问题了"……

这些同学的认错态度看上去极其诚恳，但是这些"检讨"能够帮助他们解决问题吗？当然不能！这些话多半只是说说而已，他们很快就会陷入相同的窘境。为什么呢？因为那些"检讨"自己的话并不是失败的原因，在我看来，"我是个没有毅力的人""我就是太懒了"都是一些错误的标签，把它们贴在自己身上，只会把自己推入反复失败的陷阱。为什么这么说？让我们先看一个故事。

　　在希腊神话里，奥德修斯率领船队出海，在经过墨西拿海峡的时候，他听说那里有一个叫塞壬的女妖，她会用一种天籁般的歌声诱惑船员们下船，然后把他们吃掉。于是，奥德修斯命令水手用蜡封住耳朵。而他自己为了欣赏女妖的歌声，没有封住自己的耳朵，而是把自己用绳索绑在船只的桅杆上，听到歌声的时候，他想跳进海里也办不到，方才安然度过。

我们假想一下，如果奥德修斯在过海峡之前，不是让

船员封住耳朵，而是开了一个大会，劝船员们坚强起来，用自己的意志力去对抗海妖，那么结果会是怎样？肯定会有懦弱的船员命丧大海。所以，当你发现问题的时候，不要一味从精神层面找原因，还要努力去寻找真正解决问题的方法。你没有坚持每天练钢琴，真的是缺乏意志力，还是练习的计划和方法不对呢？

现在我为大家重新分析一下整件事：首先，你的目标是学会自弹自唱。这个目标听起来不错，却不够具体。我们知道，当目标大而无当的时候，我们通常都是很难获得成就感的。但是如果，我们把"学会自弹自唱"改成"学会自弹自唱周杰伦的《龙卷风》"，这个任务是不是更加容易完成；现在目标具体了，我们要如何去完成呢？我举个例子，比如我的梦想是当一个医生，而从中学生到医生之间，是长达十几年的苦读，如果不把这个过程分解成一小段一小段的阶段性小目标，你将永远无法从努力中获得一丝一毫的奖励。所以把目标设定成某一首具体的歌，分解成小目标后就变得容易得多，每一次完成一个小任务，还可以给自己一个小小的奖励。其次，你的练习方法是一天弹一个小时的钢琴，但是你却常常做不到，为什么？因为在真实的生活中，意外情况是会不断发生的，你在计划时完全没有提前预估到这个部分，所以轻率地做了"一天一个小时"的计划，这基本是一个不可能完成的计划。计划都错了，你又如何能够把它坚持下去呢？

所以，综合前几节的内容来看，你还觉得自己是一个"懒惰""没有毅力""什么都干不了"的人吗？在你给自己贴上这些可怕的标签之前，首先要明白一件事，这是许许多多的人同样面对的困境，你并不孤独。然后，请跟我一起，拿起时间这把公平的钥匙，一步一步地分析问题，一步一步地解决问题，最后和时间成为真正的朋友。

2. 什么都舍不得丢，只会丢了时间

从前，有一个农夫和一个商人结伴回家乡。走到半路上，他们捡到了一大堆烧焦的羊毛，于是，他们一人捡了一半背在身上。后来，他们又在路上发现了一些高级的布匹，农夫将身上沉重的羊毛扔掉，选了一些自己扛得动的较好的布匹。商人却将农夫丢下的羊毛和剩余的布匹统统背在了自己身上，沉重的负担压得他步履维艰。

走了不远，他们又发现了一些银质的餐具。农夫将布匹扔掉，捡了些较好的银器背上，而商人却因为身上背的东西实在太重，没有办法再去捡银餐具。傍晚的时候下雨了，商人身上背着的羊毛和布匹被雨水淋湿后更加沉重了。但是他仍然坚持背在身上。最后，饥寒交迫的商人摔倒在泥泞中，而农夫却一身轻松地回到了家里。第二天，他变卖了银餐具，生活过得轻松愉快。

你未来的理想是什么？成为老师、医生、律师、音乐家、警察、运动员？一个人的精力是有限的，没有人能完成世界上所有的工作，所以你必须做出选择；你的一天要做多少事呢？吃饭、睡觉、上课、写作业、打球、玩网游、看剧、看书、看电影、聊天……每一项都在瓜分着时间，想要在一天之内做这么多事，24 小时不睡觉都完成不了。

而另一方面，随着年龄的增长，同学们的社会角色将会越来越多，你的家人、老师、同学、朋友……都会不断地交给你新的任务，学业越来越重，需要你做的事情也会越来越多。然而，我们每个人的时间都是有限的，我们一生在做的所有事，都在消耗只去不回的时间。你必须像农夫那样，认准目标，学会计划和取舍，不断调整自己的行囊，做出最正确的选择。否则，我们就会像那个商人一样，背着沉沉的包袱，摔倒在泥泞中。

3. 道理都懂，为什么还是一错再错

　　我在教书的时候，注意到一个令我非常惊讶的现象：有很多在学习上非常重要的事，我不得不一遍遍地重复。要命的是，这些道理不仅我说烦了，学生们也听烦了，但是大家还是会不停地犯着同样的错误。我有时会禁不住绝望地想：这些孩子将来某一天还会遇到同样的尴尬、犯同样的错，然后又会去读另一个学习班，又会有另一个老师把我说过的话再跟他们说一遍。也许到时候他们还是会听不进去。

　　道理全明白，但就是做起来不行。为什么人总是在同样的地方跌倒呢？很多同学都有过这样的经历吧：头一天在课堂上开了小差，老师当着全班同学的面狠狠说了你一顿。当时的你恨不能找个地缝钻进去，晚上回家躺床上又骂自己一百遍。可是，第二天早上一觉醒来，昨天的事就没有那么懊悔了，上课的时候还是忍不住会出神。这种"好了伤疤忘了疼"的事是不是经常在你身上发生呢？

其实大部分人都是这样很容易原谅自己的。有研究证明，大脑拥有遗忘痛苦的功能，而且这种自我保护的功能是很有意义的。但是，如果不对这种功能加以控制，我们就会遇到尴尬——重复犯以往的错误。

要解决这个问题，有个很简单的办法——记下来。在面临尴尬的时候，一定要用文字、图画等形式将其记录下来。记录之后还要养成习惯，定期拿出这些记录回顾一下。这样做就能经常提醒自己不再犯错。

另外，大脑"遗忘痛苦"的功能还有另一个副作用。在生活中，有些我们需要记牢的信息，但因为大脑学得记忆的过程是痛苦的，所以特别容易忘记。比如：背单词。一个人若准备留学美国，就要参加托福、美国评估测试等考试，这就意味着，他要牢记起码 12 000 个英文单词，对于很多人来说，这都是一项不太可能完成的任务。

很多人并不了解自己大脑的运作机制，他们把背单词当作一件特别痛苦的事去做，所以他们对每个单词的记忆

都包含痛苦，而大脑为了保护自己，最直接的方法就是遗忘这些单词。

我的一个朋友曾跟我分享他的做法。多年前，他为了拿到奖学金，想在 GRE 的考试中拿到高分。在准备复习的时候，他被单词量的要求吓了一跳。他说："我用了两天时间才想办法说服了自己这应该是件快乐的事情。"

他是这么算的——一共要搞定 20 000 个单词，如果搞定了每年可以拿到 40 000 美元的奖学金，并且连续 5 年没有失业可能；当时美元兑换人民币差不多是 1：8，所以每年的税后收入大概是 32 万元人民币。这样一来，每个单词大约值 20 元人民币——这只不过算了一年的收入而已。

想到这些，他终于让自己明白：背单词是非常快乐的。他每天强迫自己背下 200 个单词，在晚上验收成果，每当他确定自己已经背会一个单词时，他就在这个词前面画上一个勾，他就想象自己赚到了 20 元。他每天睡觉的时候总感觉心满意足，因为今天又赚了 4 000 元。

我的这位朋友显然是一个有能力运用心智力量控制自己的人。尽管在许多人眼里他的想法简直是天真可笑，但事实上，这恰恰是他成功的原因。他不仅是个有能力自律的人，还是个有能力控制自己情绪的人。他用自己心智的力量给抽象的目标赋予了实际的意义，于是，拥有了比常人更多的动力。坚持不懈是什么来着？策略加上重复。他的策略使得他比别人重复得更轻松、更愉快，所以，最终他属于那些成功的少数。

小测试：

你有拖延的问题吗？	是	否
1.写作业时，会选择最容易的开始做，很难也很重要的作业会拖得很久？	☐	☐
2.每天回家后总忍不住东摸西摸，迟迟不想开始写作业？	☐	☐
3.从来没有写过详细的学习计划？	☐	☐
4.白天能做完的事，非要拖到晚上？		
5.很难立刻行动，总要推迟？	☐	☐
6.每次妈妈问考试准备得怎么样了，总说"我再看看"？	☐	☐
7.平日里很懒散，很多事都想着明天再做？	☐	☐
8.要做事时脑子里突然冒出很多想法：先忙点别的，稍后再开始？	☐	☐
9.越计划越复杂，最后彻底绝望，干脆取消计划或无限期推迟计划？	☐	☐
10.习惯等待，等到全部细节到位、确定有把握的时候再去做？	☐	☐

11. 经常因为时间紧迫，作业草草交差？

12. 书桌里藏着一堆零食，一开始学习就饿了？

13. 明明时间已经来不及了，还总是一副不慌不忙的样子？

14. 从来不会主动和人交流自己的学习情况？

15. 集体活动时，自己总是被孤立，没人愿意与自己做搭档？

测试结果分析：

每题选"是"计1分，选"否"不计分。

0—4分：轻度拖延。一定要提高警惕，赶紧找到原因，把拖延症扼杀在摇篮里。

5—11分：中度拖延。拖延可能已经成为你的一种习惯，改变它需要点时间，也需要耐力。

12—15分：重度拖延。重新审视自我，如果你想改变，必须从现在开始。

练习：

多多使用零碎时间，对改善拖延的毛病有极大帮助。把你最近拖拉着没有做的事，罗列在下面。

① _____

② _____

③ _____

_____

然后利用以下时间完成这些事：

1. 上学前的 10 分钟

2. 睡觉前的 10 分钟

3. 放学后准备回家前的 10 分钟

4. 午饭前的 10 分钟

需要做的事情：

① _____

② _____

③ _____

_____

_____

PART 2

改变：重新认识时间与自己

第三章

停下来，与时间聊聊天

时间是不可管理的，真正能够管理的只有我们自己。

你的大脑不是"你"，你的大脑从属于"你"。

判断一项任务是不是"真的重要"，

只有一个标准：这项任务对你的目标是否有帮助。

1. "时间"到底长什么样

有一段时间，我们的文学影视作品里有一种题材特别流行——穿越。何谓穿越？就是指某人因为某种原因，从自己所在的时空穿梭到了另一时空。在同题材电视剧的超高收视率刺激下，穿越故事一时间层出不穷，睡觉穿、洗澡穿、车祸穿、摔跤穿，各种穿法，把时空仿佛穿成了巨大的筛子，几乎各个朝代都有来历不明的现代人。

观众为什么如此喜爱这种类型的故事？除开各种幻想的成分，我认为穿越是人们对无情时间的一种挑战，也隐含着某种对时间的焦虑。

时间是什么？

大家在中学的数学、物理课本上都曾学到过，时间是一条有起点、有单位、有指向、无始无终的直线。在牛顿的《绝对时间论》中，时间被形容得极其残酷，它一直向前，

像一列永远不会回头的列车，单向前进，匀速流淌，永远不可逆转。

时间是神秘的，人们不知道它的尽头在哪里。时间也是残酷的，它摧枯拉朽，永不回头。然而它也是公平的，不论是谁，每天都拥有 24 小时可供支配，它是人类与生俱来的财富，且人人平等。它是人类衡量生命的计算单位，也是人类换取其他资源最重要的工具之一。

但是在人生的不同阶段，人们对时间的感觉是不一样的。当我们还是孩子的时候，一个学期四五个月，简直比一年时间还要长。但是随着年龄的增长，我们渐渐发现，匀速行驶的时间仿佛越来越快了。而当你们到了大概我这个年纪，会感觉到一年快得好像 5 个月。这怎么可能，时间怎么会变快呢？

不是时间真的变快了，而是我们的时间感发生了变化。有心理学家专门就此做过分析，人在童年时期，没有什么事儿做，除了吃饭睡觉，整天都在玩，当然会感到时间很慢；但随着年龄的增长，要做的事情越来越多，时间当然就越来越快，几乎是稍纵即逝。美国的《读者文摘》曾刊登过一则人生算式，如果将人的一生以 72 岁为标准，除去睡眠、吃饭、娱乐、生病、闲谈等占用的时间，人生真正可以用来学习和工作的时间只有 14 年。当我们已经开始大叫"糟糕，没时间了"，我们就必须要仔细思考时间这个问题了。

关于时间，一直以来都流行着一种说法——管理时间或者叫时间管理。但是在我看来，这是一个几乎不可能完成的任务。谁能对着时间大喊："时间，你给我慢一点！""时间，你给我快一点！"

在时间管理的理论中，有一个这样的原则：把任务分为重要的和不重要的，再用紧急的和不紧急的去区分它们，最后挑出重要而紧急的任务去做。这个理论从表面上看起来很有道理，然而，在实际操作中的效果怎样呢？并不好。为什么？在实际的工作和学习当中，几乎很难区分重要的和不重要的，紧急的和不紧急的。即使你能够准确地区分它们，等你把重要的事情做完了，那些并不重要的事情还是在那里，还是需要你去完成。

关于时间管理，市面上流传着各种各样的小方法和小技巧，前后不下一百种，难道它们都没有效果吗？当然不是，有相当一些还非常管用。但我认为，不解决关键性的问题，再多的小技巧都没有用武之地。打个比方吧：有一天晚上你回家，发现自己忘了带家门钥匙。进不了家门的你又饿又困，要解决这些问题并不难，饭可以到门口的餐馆去吃，也可以到门口的酒店睡一晚，都能解决你的燃眉之急，但是你的根本问题并没有得到解决，你要找到家里的钥匙才

能回家。

那么解决时间问题的钥匙究竟在哪里呢？答案只有一个，在我们自己身上。

为什么说钥匙在我们自己身上呢？因为，时间是不可管理的，我们真正能够管理的只有我们自己。只有明白了这个道理，问题才能够从根本上得到解决。

2. 控制大脑，人类也有"超能力"

　　诺贝尔经济学奖得主、美国麻省理工的数学教授约翰·纳什，患有严重的精神分裂症，曾经两度被送去精神病院。二十世纪七八十年代的时候，他周围的亲友突然发现，拒绝吃药的纳什渐渐不疯了。他的眼神变得清澈，行为有了逻辑。有一位记者采访他时问："请问您不靠药物和治疗是如何康复的呢？"约翰·纳什回答说："只要我想。有一天，我开始想变得理性起来。"

　　换言之，纳什通过挣扎，不再被自己大脑中的幻觉所控制。由此，他成为历史上第一个用精神战胜了精神病的人。这个故事说明了一个问题——我们可以

控制自己的大脑。

说到控制大脑，还有一个很好的例子："思维导图"的创始人东尼·博赞，他在上大学的时候，随着课业的加重，慢慢发现自己的大脑完全不够用了。于是，他翻阅大量资料，开始研究如何训练大脑，学会正确的思考方式，从而发明了"思维导图"。

这两个例子都告诉我们一个好消息：我们不仅可以控制自己的大脑，还可以训练它，使它变得更加聪明、更加强大。就像超能者可以意念取物，原来，我们也拥有自己的"超能力"。

有心理学家认为，人之为人，在于我们具有特殊的大脑额叶，正因如此，我们才具备了一种反思能力。有了反思能力的人类，最终拥有了语言，发明了文字，形成了逻辑思考能力。而这些是其他物种所没有的。所以，人类正是凭借着这项伟大的"超能力"，成为地球上最强大的物种。

美国斯坦福大学曾做过这样一项实验——糖果实验。实验的组织者是一位心理学家，名叫瓦特·米加尔，实验对象是一群4岁的孩子。实验时，瓦特·米加尔给孩子们每人发了一颗糖，并告诉他们："我现在有事情要出去一会儿，你们可以马上将糖吃掉，也可以等到我回来后再吃，那样的话，你们可以再得到两颗糖。"

瓦特·米加尔密切地观察着孩子们的反应。他发现有的孩子迫不及待地剥开糖纸，吃掉了那颗糖；有的孩子看上去有些犹豫，但最终还是禁不住诱惑，也将糖吃掉了；剩下的那部分孩子虽然也很想马上吃糖，但他们想尽各种办法，转移自己的注意力，让自己坚持下来，比如闭上眼睛不去看诱人的糖果、将脑袋埋进手臂里、自言自语地玩弄手指等。20分钟后，那些坚持下来的孩子得到了另外两颗糖。

实验结束后，瓦特·米加尔对这些受试的孩子进行了长达14年的追踪。他发现，到了中学阶段，那些立刻吃掉糖的孩子在性格方面表现出了一些负面特征，比如个性冲动、固执，在困难面前容易逃避、退缩和不知所措，对于生活中的其他诱惑也常常无法拒绝；而那些坚持到最后才吃糖的孩子，适应环境的能力更强，他们看起来更加自信，在压力和困难面前，不会轻易出现紧张、畏惧、逃避等情绪。他们在追求目标时，能够迎难而上，遇到诱惑时，也能想出办法，让自己不被眼前暂时的好处迷惑。

在本书第一部分描述的那个场景中，"你"就像那些迫不及待吃掉糖果的孩子，被自己大脑完全控制了。当大脑想要拖延的时候，"你"不假思索地听从了它的命令，东摸一下西摸一下，就是不去做卷子。所以陷入了"没时间"的窘境，沦为了大脑的仆人。

很多人可能一生都不会领悟到这样一个事实：你的大脑不是"你"，你的大脑从属于"你"。尽管你用你的大脑思考，好像它在指导你的行为，但是你要明白，你的大脑不应该成为你的主宰，你可以控制它，不再让自己跟着感觉走，成为大脑的主人。

3. 开启心智，让你的大脑打怪升级

在武侠奇幻类的小说里，经常有这样的情节——菜鸟主角因为某种奇遇，吃下灵丹仙草或偶遇世外高人，一夜之间被打通任督二脉，功力大增。在之后的剧情中，主角的运气更是好得不像话，所有的好事儿排着队等着他。最后，这个幸运儿经过重重磨砺，终于化身"天下第一"。这里的"打通任督二脉"，和我们将要谈到的"心智的开启"有些类似。与其类似的还有人们经常挂在嘴边的："这孩子啊，终于开窍了"；佛教禅宗中的"顿悟"；在现代心理学术语中的"打破旧的格式塔，重建新的格式塔"……不管你明不明白这些类比，相信我，当你"心智"得到了开启，你的人生一定会有一些不同。

心智究竟是个什么东西呢？

简单地说，一个人的心智就是他的知识和经验的总和（也包括基于这些知识和经验而造就的思考方法、思考模式）。在游戏里，它被称为"经验值"。

首先，心智与智商并不是一回事，智商是我们与生俱来的东西，而心智则是后天积累的结果。这就像有人天生一副好体格，可是好武功却要后天才能习得。我们大部分人都拥有正常的智商，却不见得都有正常的心智。据我所知，即便是成年人也大多数都处在心智未开的状态。我们常说的"聪明人办傻事"说的就是这种情况。

心智开启之前，一个人只运用基本智商也能过上正常生活。然而当一个人的心智开启之后，他眼中的世界将发生天翻地覆的变化，因为他用来理解世界的工具已经不一样了。这就好像一个人一直站在山脚下，忽然被带到了山顶，眼前的世界豁然开朗。

心智一旦被开启，它就会不断地自我过滤、自我积累。这个过程有点像玩游戏，打了怪兽积累了经验值从而升级，升级后掌握了新的技能，武器升级、力量增加，打击怪兽的方式也随之变得更加高级。心智和经验值一样，是可以发展、可以培养，也可以重建的。而且它"上不封顶"，只要你不断地学习，它就会像雪球一般越滚越大，与此同时，你的学习能力也会成几何倍地不断增长。

同学们正在接受的教育，日复一日，长达十几年，如果你在读到这一节后感受到心智的开启、顿悟到学习的乐趣，那么我要恭喜你，你获得了一把"金钥匙"，请你握紧它，它会为你开启崭新的人生之门。

在这里送给同学们一位益格鲁主教的话：

当我年幼时，充满无限的幻想，我梦想着要改变世界。

当我长大一点，我发现世界不会改变，我决定放短我的目光，去改变我的国家。

但是，国家好像也不可以改变。

到了暮年，我决定做最后的尝试，我只要改变我的家人，那些与我最亲近的人。

然而，他们也不曾改变。现在，我的生命快要结束，我突然醒悟到如果首先我改变了自己，然后通过以身作则，我可能改变了我的家庭。而受到他们的鼓励，我可以使得我们的国家变得更好一些；说不定，我还改变了整个世界。

4. 记录时间，开启人生的成功之旅

20 岁的时候，我读到李敖的一本书，其中讲到一种记日记的方法。我看了又看，觉得很有些道理，就开始学着他的做法，开始记录每天发生的事件。所谓记录，只记当天自己经历过的事，其余一概不记，不记感想，也不记感受，只记录当天发生的事件本身。

比如：

1995 年 12 月 20 日，延吉市

1. 读黄仁宇《万历十五年》。

2. 读英文原版《刀锋》。

3. 和李堃一起吃饭，算算有 4 个月没见了。

至今，我还保留着这样的习惯，并因此受益无穷。事实上，只不过每天花费 10 分钟左右。后来，为了进一步节省时间，我把这个本子穿了根绳子，挂在家里洗手间马桶旁边的墙上，每天晚上睡觉前坐在马桶上，顺手就写完了。

这样简单的日志是有巨大好处的。每年下来，都知道自己读了一些什么书，取得了哪些进步，仅仅这一点就非常宝贵。年岁渐长之后，在记录的过程中，才觉得自己做的真正有意义的事情慢慢多了起来，时间也渐渐成为自己的朋友。我才真正知道她的宝贵，知道她的神奇。

在此之前，我也曾经彷徨过，甚至把时间变成了自己的敌人。挣扎了许多年，还以为自己在与这个世界争斗。突然有一天，我发现自己就像唐·吉诃德一样，以为风车是自己抗争的对象，骑着老马拿着长矛，一次次朝那个假想敌冲过去。然而事实上，敌人是看不见的风，还有自己无法控制的——自己的大脑。如果你正处在这样的时期，李敖的一段话也许能帮到你，他曾在自己的日记中写道："一个人的伟大不凡能有进步，就在于他能从'此路不通'的失败中，杀出一条'放弃故我'的新路，能够变化他自己的气质、旧习与生活方式，咬牙冲向一个'不复做此等人'的蜕变生活。"

在我苦恼不堪，与自己与时间争斗不休的时候，我的

好运气来了。2005 年的某一天，我偶然看到了一本书，名字是《奇特的一生》（作者格拉宁，1974 年第一次出版）。

这是一本以真人真事为基础的文献。书里讲述了一位苏联昆虫学家亚历山大·亚历山德罗维奇·柳比歇夫，他用自己独创的"时间统计法"获得惊人成就的人生故事。

在这本书里，作者写道：

柳比歇夫去世后，他身边最亲近的人都惊呆了，谁也没有想到，他留下的遗产有多么庞大。他生前发表了 70 来部学术著作，其中有分散分析、生物分类学、昆虫学方面的经典著作，这些著作在国外广为翻译出版。各种各样的论文和专著，他一共写了 500 多印张的著作。500 印张，等于 12 500 张打字稿。即使以专业作家而论，这也是个庞大的数字。

柳比歇夫的遗产包括几个部分：有著作，探讨地蚤的分类、科学史、农业、遗传学、植物保护、哲学、昆虫学、动物学、进化论、无神论等；此外还写过回忆录，追忆许多科学家，谈到他一生的各个阶段以及彼尔姆大学……

他讲课，当大学教研室主任兼研究所一个室的负责人；还常常到各地考察，20 世纪 30 年代他跑遍了俄罗斯的欧洲部分，去过许多集体农庄，实地研究果树害虫、玉米害虫、黄鼠……在所谓的业余时间，作为休息，他研究地蚤的分类。单单这一项，工作量就颇为可观：到1955年，柳比歇夫已搜集了35篇地蚤标本，共13 000多只；为其中5 000多只公地蚤做了器官切片，总计300多种。这些地蚤都要鉴定、测量、做切片、制作标本。他收集的材料比动物研究所多5倍。他对跳甲属的分类，研究了一生。这需要特殊的、深入钻研的才能，需要对这种工作有深刻的理解，理解其价值及说不尽的新颖之处。有人问到著名的组织学家聂佛梅瓦基，他怎么能用一生来研究蠕虫的构造，他很惊奇：蠕虫那么长，人生可是那么短！

这是一本很薄的册子，我几乎是一口气读完。掩卷之后，喟然长叹，觉得自己长期坚持的记事的习惯和这位大师比起来简直不值一提，深感"仰之弥高，钻之弥艰"，知易行难啊。

然而两年后，我重读这本书的时候，惊讶地感叹，啊？我太笨了，早应该明白的啊！柳比歇夫的日志，是事件—时间日志。他的方法要比李敖的方法更为高级。李敖的事件记录，往往只能记录事件的名称，是一种基于结果的记录；

而柳比歇夫的事件—时间日志却是一种基于过程的记录。这里的细微差别是，基于过程的记录要比基于结果的记录更为详尽。

以下是摘自《奇特的一生》中柳比歇夫的日志样本：

乌里扬诺夫斯克。1964年4月7日。分类昆虫学（画两张无名袋蛾的图）——3小时15分钟。

鉴定袋蛾——20分钟。附加工作：给斯拉瓦写信——2小时45分钟。社会工作：植物保护小组开会——2小时25分钟。休息：给伊戈尔写信——10分钟。读《乌里扬诺夫斯克真理报》——10分钟……

这种基于过程的记录，它的好处在哪里呢？

首先，除了详尽之外，当我们所做的事结果不太好时，我们可以在记录中，很快找到原因。

其次，我开始尝试着这样记录之后，不到两个星期，我发现自己对时间的感觉越来越精确。

前面讲过，人们会随着成长，感觉到时间越来越快，这样的感觉会带来焦虑。而焦虑会带来更多的负面影响。我的体会是，这种记录调整了我对时间的感觉，在估算任务的时候，变得更容易确定真正现实可行的目标。所以目标更容易达成，从而极少慌乱。

《奇特的一生》我看到第三遍的时候，才真正注意到这段话：

> 柳比歇夫肯定形成了一种特殊的时间感。在我们机体深处嘀嗒嘀嗒走着的生物表，在他身上已成为一种感觉兼知觉器官。我做出这样推断的根据是：我同他见过两次面，在他日记中都有记载，时间记得十分准确——1小时35分钟、1小时50分钟；然而当时他没有看表。我同他一起散步，不慌不忙，我陪着他；他借助于一种内在的注意力，感觉得到时针在表面上移动——对他来说，时间的急流是看得见摸得着的，他仿佛置身于这一急流之中，察觉得出来光阴在冷冰冰地流逝。

柳比歇夫这样的人，才是时间的朋友。他们了解时间，通过长时间刻意的训练，甚至不需要表就可以感受时间的一切行动——当然，时间的行动只有一个，自顾自地流逝。

这就是为什么我在本书第一版的《前言》里写过这样的一段话：我有个朋友叫作时间。她跟我真可算作两小无猜，默默陪了20多年我才开始真正认识她。她原本没有面孔，

却因为我总是用文字为她拍照，而因此可以时常伴我左右。她原本无情，我却可以把她当作朋友，因为她曾经让我明白，后来也总是经常证明，无论做什么事情，只要我付出耐心，她就会陪我甚至帮我等到结果，并从来都将之如实交付于我，从未令我失望。正是因为有了时间作为朋友，我才可能仅仅运用心智就有机会获得解放。

据我所知，在美国，运用时间的能力对于高中生就已经十分重要，常春藤大学在审阅入学申请时，会非常看重学生的课外活动的数量和质量，原因之一就是考量学生这方面的技巧。

既然管理时间是不可能的，那么解决方法就只能是：想尽一切办法真正了解自己，真正了解时间、精确地感知时间。

如何了解自己？请你先问自己几个问题：你知道你一个小时可以写多少汉字吗？你知道你一个小时可以阅读多少汉字吗？你知道你一个小时可以走多远的路吗？你知道你做一张物理卷子需要多长时间吗？你知道你午睡多长时间就可以恢复精力吗……当你完全了解自己的行为与时间之间的种种关系，然后想尽办法协调这种关系，就是我所说的——与时间做朋友，相信我，你的成绩乃至于你的人生都将会呈现出崭新的面貌。

5.制订预算，在有限的时间里总是做对的事情

前面的练习，你做完了没有？如果它已经帮助你养成了记录时间的习惯，相信你已经尝到了记录时间的甜头。那么我们就可以开始养成第二个好习惯：每天制订时间预算。

在开始一天的学习之前，花费 15 至 30 分钟，仔细制作你当天的时间预算，绝对是特别划算的，正如那句古老的谚语——磨刀不误砍柴工。制作预算就是在"磨刀"。

最直接的方法就是制作一个列表，把你今天需要做的事情罗列出来。为了表达方便，以后我们把这些列表中的事情称为任务。比如：

a.背单词，另外，还得按照计划把昨天和上周五

背的那两个列表复习一遍。

b. 去图书馆，同时也在网上查资料。

c. 下午要和同学踢球。

d. 晚上有数学补习。

……

读这本书的同学，好多还是小学生或初高中生，主要的时间已经被课表所安排，但是只要仔细观察，课外的时间是必须由自己支配的，并且，想玩想尝试的东西又那么多。当我们早上起床，做一天的计划时，对这些任务要花费的时间，你已经有了大概估计。如果任务太多，无法完成，你该怎么办？给大家讲一个小故事：

在一次讲时间的课上，教授在桌子上放了一个空罐子，又拿出一些鹅卵石装进罐子里，罐子被撑得满满的。装完后他问他的学生道："你们说这罐子是不是装满了？"所有的学生异口同声地回答说："装满了。"

教授笑了笑，从桌底下拿出一袋碎石子，把碎石子倒进罐子，摇了摇，又加了一些，再问学生："现在满了吗？"这一回，学生们没有着急回答，有一个学生壮着胆子回答说："也许没满。"

"很好！"教授说完，又取出一袋沙子，慢慢地倒进罐子里。倒完后他又问大家："现在满了吗？"

"没有满！"全班同学异口同声地回答。

"好极了！"教授赞许地点点头，往罐子里又倒入一大瓶水，教授正色问他班上的同学："大家对这件事有什么看法？"

一个男同学站起来答道："无论我们的工作和学习多么忙，行程排得多满，时间挤一挤总还是有的。"

教授听到这样的回答后，点了点头，微笑道："答案不错，但并不是我要告诉你们的重要信息。"说到这里，这位教授故意顿住，用眼睛向全班同学扫了一遍说："我想告诉各位最重要的信息是，如果你不先将大的'鹅卵石'放进罐子里去，你也许以后永远没机会把它们再放进去了。"

生活就是选择，你每天都必须把你的"鹅卵石"挑出来。方法很简单，把你列表上的那些任务，在最开始的时候按照"不重要""一般""重要"三个标准标注一下，也可以简单地标注重要和不重要。标注越简单越容易坚持。

一旦你开始尝试做标注，会不会发现，其实它并没有看起来那么简单。什么事情是重要的？明明有些事情只是看起来显得重要，其实并不重要。什么事情是不重要的？

明明有些不重要的事情，只是看起来不重要，其实它非常重要。不要被我绕晕了，我的意思很简单——要运用心智，认真地思考一件事情是否真的重要。

判断一项任务是不是"真的重要"，只有一个标准：这项任务对你的目标是否有帮助。可是，人是很难时时刻刻都保持理智的，每个人都喜欢做有趣的事，上网、玩游戏、看电视、看电影，这些事当然比背单词更有趣，但它们并不真的有用。

看一集电视剧，短短一个小时就能迅速让你感到轻松愉快；而背单词可能需要几百几千个小时，才能让你成为一个英语流利的人。但是，正是这些现在看起来无趣的事，很可能会给你带来更深远的趣味，而这样的趣味只是更需要时间去完成而已。但是，如果你的目标是后者，你就不得不放弃几百集电视剧。

如果我们能甩甩头，提醒自己理智一些，就会知道，无用的事情再有趣，都不应该去做，或者说少做。而有用的事情，哪怕非常无趣，都应该去做，并且要想办法让它变得有趣。

这听起来有点教条，也有点不近人情，但是如果你认真地面对真实的自己，就能想清楚你真正想要的是什么。然后运用心智，使你成为你自己大脑的主人。

审视一下自己的日常，你可能会苦恼地发现，自己经常做的事都是有趣而无用的。比如，在 3 月份的时候，你准备用 3 个月的时间背 1 000 个单词。可是到了 5 月底，你才发现其实过去的两个月里，你做得最多的事儿是跟同学一起玩电脑游戏。再比如，你在早上决定白天要把几个没有吃透的物理知识点再好好复习一下，可是，你刚起床就被同学一个电话叫去打球了，接到电话的时候，你甚至都忘了你早上做的时间预算。

每个人都有自己的目标，也许你现在还不清楚自己想要的是什么，但你迟早会发现它，因为它一直就在你心底，只是你还没有看清楚。一旦你看清楚了，不管它是"理想"还是"痴心妄想"，都请你拿它来当作你的标准，用这个标准来衡量你的日常，你会轻易地判断出什么事"真的重要"，什么事"显得重要"。

总是做对的事情会让你拥有神奇的力量。当每个人都在拖延，最后又手忙脚乱的时候，你的生活却非常从容。因为你从一开始就知道你今天的所有轻松安逸，都可能是未来的成本，所以，你早就把一些轻松安逸安排到未来的某个时段，而心平气和地每天完成相应的学习任务。于是，你不仅从容，而且快乐。你变成一个守时的人，一个生活规律的人，一个身边的朋友都信赖的人。

练习：

1.按照柳比歇夫的方法，记录一周"事件—时间日志"。

2.请按照"我去学校需要 40 分钟"或者"我一个小时可以走 3 公里路"这样的句式，罗列自己以及自己的行为与时间之间的种种关系，越多越好，越详细越好。

① _____

② _____

③ _____

④ _____

⑤ _____

⑥ _____

第四章

要管理的不是时间而是自己

摆脱焦虑的出路只有一个起点：接受现实。

给我什么就用好什么，

积累到一定程度再去换能换的东西。

只要做事就一定会遇到困难。

难点才是积累知识的起点。

如何与时间做朋友？

用正确的方法做正确的事情。

1. 不急躁：速成绝无可能

有一年放暑假，小胖跟随爸爸一块儿回老家。爷爷奶奶的家很远，下了火车，还要翻过一道高高的山梁。他们走了很久很久，两个多小时过去了，目的地仍在遥遥无际的前方。小胖再也迈不开步了。父亲严厉地对他道："别尽往前瞅，低头看路，下了山梁就到了。"小胖垂下头来，不再急躁，也不再一次次眺望远远的目的地，而是专注看着脚下的路，不断欣赏着沿路那些形状各异的石块和花草，不知不觉就走到了爷爷奶奶家。

当我们向着一个大目标前进时，难免会像小胖一样，急躁地向那个终极目的地眺望，然后不由自主地想，有速成的办法就好了！没办法，浮躁本来就是全人类的通病。

日本动画片《哆啦 A 梦》连载了几百集，在我看的很有限的几集里，有一集让我印象极其深刻。大雄要考试却没有复习，关键时刻，哆啦 A 梦从它万能的口袋里掏出了一种记忆面包，把面包片往课本上一印，再吃进肚子，什么都记住了。我相信看过这一集的同学都和我有一样的想法：我要有一袋这样的面包片该多好啊！

除此之外，哆啦 A 梦还能掏出一种任意门，想去哪里，开门就是；它还有一种插在头上就能飞来飞去的竹蜻蜓……这些东西真的是太合我的心意了，我曾经有一段时间在全国各个城市之间飞来飞去，如果能有一扇这样的门就太省事了。

很遗憾，记忆面包、任意门、竹蜻蜓……都还没有被发明出来。但即使没有这些东西，人们也还是会孜孜不倦地期望速成，这里面主要有两个原因：

第一，人们总是希望自己的愿望马上得到满足。

白天不用上 8 堂课，晚上也不用熬夜复习做卷子，只需要吃下几片面包，考试就能考一百分。3 年后能考上好高中，6 年后能考上好大学。学生时期谁没有过类似的想法呢？无可厚非。

学习确实不是一件轻松的事，而且想把一个东西真正学好，需要付出相当长时间的努力。短期内也很难让你立刻获得成就感，所以急躁的情绪很快就会产生。许多人沉溺在网络游戏的世界里，就有一部分原因是因为——游戏"马上能看到结果"。

比如，在游戏的世界里，你不用真的花时间把自己练成肌肉人，开个挂只需要几天时间，你就可以当上英雄，拥有各种炫酷的装备，是输是赢很快就能见分晓，随时都能享受"马上能看到结果"的畅快感。几乎整个社会也都在想方设法刺激人们的这种天性。书店里各种畅销书告诉你，听力、口语、摄影、书法等等，一切技能皆可"速成"。电视报纸上各种医药广告告诉你，一切疾病皆可药到病除。公交车上的各种培训广告告诉你，不管学什么，来了你就会。有一个防身术学习班期期火爆，看看它的名字就能够明白原因——一招制敌。

第二个原因，也是浮躁的根源，就是不懂得"人生的有些阶段是必须经历的"。因此，他们总是很不现实地希望找到一个速成的办法。可是无论做什么事都需要时间，而且可能需要更长的时间。举例来说，妈妈们从怀孕到生产，大约需要40周时间，不满38周就称为早产。这个阶段是无法跨越的——世界上有没有一个人是今天怀孕，明天生产的？读书也是一样，除了极少数特别聪明的家伙能够跳级，几乎每一个人都必须一级一级地读上去，无可回避，

也没有捷径可走。

一方面是要做的事情太多、愿望太多；另一方面是短期内看不到努力的成果——这就是人们总是期望速成的根源。如何摆脱这种焦虑？出路肯定存在，但这出路只有一个起点——接受现实。告诉自己：我有不足，我需要时间，一口气吃不成个胖子，熬一个通宵变不成学霸，我们只能不急不躁，一步一步来。

2.不气馁：用"我有的"
才能换"我要的"

莫扎特是全世界公认的天才音乐家。他在 6 岁时就已经掌握了古钢琴的弹奏技巧，并且写作出了人生第一部小步舞曲。但是人们并不知道，莫扎特在 6 岁之前，他的父亲已经指导他练习钢琴长达 3 500 个小时。

文艺复兴三杰之一的米开朗基罗，26 岁时已经开始创作雕塑《大卫》，可谓少年得志。但是很少有人注意到，他 6 岁就已经住进石匠的家里，开始了长达 20 年的学徒生涯。在这漫长的学习过程中，他练习得最多的是如何使用锤子和凿子。他曾经说过一句话：如果人们知道我是多么努力地工作换来了我的成就，似乎也就没有什么了不起了。

奥运会游泳冠军菲尔普斯，曾经拿过 23 枚游泳金牌。

人们都说他成功的关键是有独特的身体条件和游泳天赋。但菲尔普斯却认为他的成功归功于训练。他 7 岁开始游泳，从 11 岁开始认真对待这个项目，随后 7 年的时间，2 500 多个日子，他一直都在坚持训练，只有 5 天没有下过水。菲尔普斯说："如果你休息一天，实力就会倒退两天。"

事实一次一次向我们证明，没有付出是不可能有回报的。速成更是绝无可能，想要有收获就只有一个字：换！

上一天课，积累一天的知识，到了考试的时候，自然能换来不错的成绩；到了升学的时候，再拿不错的成绩去换你想读的学校，学习你想要的知识；继续积累，你就能拿你的这些知识，去换你喜欢做的工作；然后，再用你喜欢的工作，换你喜欢的生活。

你肯定要说，哪有那么容易的事，你说得太轻松了！努力就会有结果吗？还有这样那样的阻力，这样那样的麻烦，总之，没你说的那么简单。你说得对，人生当然不是一帆风顺的，努力也不见得就能达到最终的目标。但是，你不努力，达到目标的可能性岂不是更小？况且，就算你没有得到你想要的，你在努力过程中的积累，都是偷不走的"财富"。不管路有多长，总会有一个多少让你满意的结果。

所谓成长，就是一个不断交换、不断积累的过程。虽然每个人的起点不同，有些人一生下来就天赋异禀，像莫扎特和菲尔普斯那样；有些人一生下来就含着"金汤匙"，具备比别人更好的物质条件。如果普通人的起点在山脚，那么这些人的起点可能在山顶。起点虽然有高有低，但大家都要从起点开始往前走，都相当于是从零开始，要通过不断地学习，换取更多东西，积累也会越来越多。

而那些什么都不愿做，什么都不愿拿出来交换的人，当然会越来越急躁。因为他们从来不积累，也无从交换。又因为急躁情绪的产生，浪费掉更多的时间和精力，从而掉入恶性循环之中，无法挣脱。比如找工作的时候，人家要求应聘者至少有 3 年工作经验，但是应聘者没有工作经验就得不到工作，进而他就没有工作经验……

积累多的人却恰恰相反，他们总是表现得很从容，因为他们可以用"我有"换取"我要"。即便暂时无法获得，他们也能够继续努力。所以，"我有"会越来越多，"我要"也很容易获得。如此形成良性循环。比如，你想出国留学，但通过努力你现在只有托福四级水平，你仍然可以很从容地继续努力，过六级只是时间问题。

生活的本质就是这样，摆脱恶性循环的方法只有一个——给我什么就用好什么，积累到一定程度再去换能换的东西。要不断运用心智的力量，识别那些恶性循环，及时跳出来。请你拿出一张纸来，中间画一条线，左边写上

"我有的"，右边写上"我要的"，逐一罗列。完成后尽量客观地判断：先划掉"我要的"当中那些无法用"我有的"换取的；再仔细判断剩下的这些"我要的"，哪些是必须的、不可缺少的，并在上面做重点标记。

如果有些"我要的"暂时换不来，却又是必须的，那就要认真考虑一下，要如何进行下一步的积累。

教你一个克服急躁的小技巧，当你特别想得到一个东西，却暂时无法得到的时候，马上提醒自己想一想：我现在有什么？你马上会感到自己"脚踏实地"。

还有一种最坏的情况，当你拿出纸笔，认真思考之后，发现自己什么都没有。这也许令人气馁，但我要提醒你：你还有时间、还有精力、还有健康的身体、还有正常的智商，有了这些，再加上勤奋与努力，"我有的"这一栏就不会一直空着。并且，机会总是存在的，你必须对此深信不疑！

3. 不拖延：只要做事，就一定会出问题

　　从前，有一个穷和尚对一个富和尚说："我想去南海。"富和尚说："我们这里与南海远隔千里，你靠什么去呢？"穷和尚说："我靠着一个水瓶和一个饭钵就够了呀。"富和尚："我一直想雇船去，也没能成行。你只带两样东西不可能实现。"结果到了第二年，穷和尚从南海回来了，富和尚闻知此事，十分羞愧。

　　富和尚早就想去南海了，而且他也有雇船的经济实力，为什么他却迟迟不能成行？与此相反，身无分文的穷和尚却在一年之内走了个来回？用现代的观点来看，富和尚是有严重的拖延症。

几年前，新浪微博曾发起过一项关于拖延症的讨论，有七百多万网友参与。据投票显示，其中有超过九成的人勾选了"我有，而且很严重"一项，可见拖延在当今社会，是一个非常普遍的现象。

在正式讨论这个问题之前，先要厘清一个概念：拖延和懒惰是两回事。真心不想写作业，也不准备复习功课，对学习毫无兴趣，甚至对做任何事都没有什么兴趣。这是人们常说的"懒癌"。而拖延完全是另一回事。

所谓做事拖延，并不是不想做事，也不是拖延着做事，而是拖延着不开始做事。不知道大家发现没有，有拖延毛病的同学在上网、看电视、打游戏、踢球、逛街、购物、和朋友们聚会这些事上从不拖延，甚至比谁都积极准时，他们只在某些事上拖延——感觉自己并不擅长的事。

十页英语卷子、五道高等数学题……英语和数学一直是你格外头疼的科目，做题让你觉得很痛苦，你总是东摸一下、西摸一下，其实只是在用片刻的拖延，让自己逃避自己做不好这个结果。

你有没有想过，为什么我不擅长这些事呢？其实是一次次拖延的结果，本来用两天的时间，可以从容做完卷子，你拖来拖去只用了一个小时做完，在做卷子的过程中，你应该掌握和复习到的知识点，你没有很好地巩固和吸收，一次两次还不影响成绩，但次数多了，你的"不擅长"会像雪球一样越滚越大。

同学们看到这里，肯定会说："是啊，我知道都是拖延的错！现在事情已然如此了，我已经拖延很久了，很多科目我已经拖得成绩不是太好了，我要怎么办呢？我知道我不能拖延，但是，一坐到桌子前我就不想开始，我意志力太薄弱了，我控制不住自己！"

一说到拖延症，大多数同学都会下意识地去拿自己的意志力说事儿，"我没有意志力啊！"这个标签一贴，干什么事都拿这个当借口。要知道，只依靠意志力去对抗拖延是非常非常难的，难度有多大呢？就好像拿一台空气净化器去吸一整座城市的雾霾。所以让我们先放弃这个想法。

我们应该怎么做呢？首先，我们要认清一个事实：只要做事就会遇到困难。

谁都希望自己一帆风顺，但不管你事前准备得多么充分，只要开始做事，就一定会碰到各种各样的困难。富和尚为什么去不了南海？因为他认为去南海是一件非常困难的事，他害怕遇到困难。穷和尚却对这次旅行有非常清晰的判断，漫漫旅途，困难一定会有，渴了用水瓶打水喝，饿了用钵化缘，遇到问题就心平气和地去解决，慢慢走一定能走到。

其次，拖延者们总是有一个误解，他们总是认为，那些能够做对、能够做好的人都是直接做对，直接做好的。"他们轻轻松松随便一做就能拿满分，我不知道做不做得好……"从表面上看，也许确实总是如此，但大多数人都不是一开始就能做好的，所有的"一帆风顺"都是用"失败"和"不懈的努力"堆砌而成的。每当你觉得别人行而自己不行的时候，请想想那句著名的话："你知道他有多努力吗？"

认清了以上两件事，还必须 get 一个重要技巧——不看结果，只关注过程。

以做卷子为例，只关注每一道题的具体解法，至于最后卷子能得多少分，会不会比别人做得差——请把这些患得患失的想法丢到九霄云外，因为它们会让你重新陷入拖延，浪费你更多时间。

在对抗拖延的过程中，你还会碰到各种干扰：手机上的各种消息提醒、推送，一场准点开始的直播，一条不停有人回复的朋友圈……一不小心，你又会掉入拖延的陷阱。这个时候，你要启动你强大的意志力对抗干扰吗？胜算通常不大。所以，在这里还要告诉你一个小技巧——给自己营造一个不被干扰的环境。

开始学习之前，把手机关机或暂时放在自己很难拿到的地方。如果家里有去除不掉的干扰源——电视、电脑台式机，那你就去找一个没有这些东西的地方，图书馆是个好选择，看到大家都在埋头苦读，对你也是一种很好的激励，去之前别忘了把手机放在家里。等任务完成了，你大可以轻松自在地奖励自己玩一会儿手游。

4. 不逃避：效率低下的根本原因是回避困难

　　我接触过这样一些学生：他们每天笔不离手，眼不离书，屁股不离板凳，整天埋头苦读，搞得我只认得他们的头顶。照道理讲，一分耕耘一分收获，这些学生的成绩起码也应该是中等偏上吧。说起来简直有点悲剧，他们考试成绩非常普通，有时候连普通都谈不上。

　　他们如此努力，为什么却总是拿不出成绩？难道"努力"没有用？

　　努力当然有用，只是他们是真的在努力吗？如果仔细观察，你会发现，他们只是显得努力而已，方法根本不对——他们一直在回避困难。

　　任何一个任务，都可以被划分为两个部分：简单的和困难的。以试卷为例，通常情况下，多选难于单选，简答难于多选，论述难于简答。合理的时间安排通常是：迅速做完简单的部分，而后把时间节省出来专心对付困难的部分。

当我们面对具体的学习任务的时候，很多人会下意识地回避困难，于是他们的时间安排是这样的：用大量的时间做自己会做的事，至于困难的部分，要么胡乱对付一下，要么干脆无视掉。

学习是一个漫长的过程，总会阶段性地有难有易。简单的事容易做，也容易出成果，大家当然愿意多花时间去做。但是，在实际的学习中，难点才是积累知识的起点，甚至是唯一的起点。那些看起来很努力的人，他们花很长时间去学习，但学的只是简单的事。准备英语考试，天天只做容易一些的阅读听力，但不去练习口语和写作。每次回避困难的时候，还要给自己找个借口："口语和写作太没意思了……"

下面的故事可以帮助你更好地理解这个问题：

有一名学生为了提高钢琴技巧，特地拜当地一位非常有名的音乐教授为师。授课的第一天，这位教授给了他一份乐谱。学生看了看，发现这份乐谱有相当

难度，他试弹了一下，错误百出。下课时，教授叮嘱他一定要好好练习。

学生练习了一个星期，第二周上课时正准备让教授验收，没想到教授并没有听他练习，而是又给了他一份难度更高的乐谱，"试试看吧！"学生再次挣扎于更高难度的技巧挑战。

接下来的三个月里，学生每周都会在课堂上拿到一份新的难度加倍的乐谱，他每次在教授的课堂上都显得笨拙不堪，但即使他在接下来的一周时间里练得有多好，却怎么样都追不上进度，学生感到越来越沮丧。有一天，他再也忍不住了。他提出了自己心中的质疑。

教授没开口，他抽出最早的那份乐谱，交给了学生，笑着说："弹奏看看吧！"

不可思议的事情发生了，连学生自己都惊讶万分，他居然可以将这首曲子弹奏得如此美妙、如此精湛！演奏结束后，学生怔怔地望着老师，说不出话来。

"如果，我任由你表现最擅长的部分，可能你还在练习最早的那份乐谱，就不会有现在这样的程度……"

面对困难，始终选择逃跑，在会做的事情上花再多时间也是没有用的。当然，在学习的过程中，确实有很多枯燥无趣的内容。如果你无视它，很有可能会错过体会学习乐趣的机会，我自己就有一个这样的例子：我写作的词汇书《TOEFL 核心词汇 21 天突破》这些年一直卖得很好。写这本书我一共用了 9 个月，其中，最有意思的部分一个月就完成了，而剩下 8 个月的工作都非常枯燥，拷贝、粘贴、编辑、整理、审阅、修改、反复……但是如果我不做这些无聊的工作，我的书是不可能上市的。

学富五车的李敖曾把漫长的求知过程分成四步：第一步是发大宏愿，第二步是勉强去做，第三步是养成习惯，第四步是兴味盎然。大多数人走到第二步就已经折戟沉沙，希望你能戒骄戒躁、稳扎稳打走到第四步。

5. 不奢求完美：没什么事情是一下子就能做好的

　　聪明、美丽、快乐、健康、博学、富有、幸运……如果这些词都是用来形容我的该有多好呀！我们都想成为完美无缺的人，但是大部分人都是很清醒的，这么多好事不可能被谁一口气占尽，这个世界并不存在完美。但追求完美的人仍然存在，他们被残酷地分为了两种类型：第一种是失败者。

　　一个 4 岁大的孩子对爸爸说："爸爸，我想用这些木头做一架飞机，带你和妈妈到天上去！"孩子以为自己能用木头做一架飞机，是因为他还小，不懂事，不知道自己还没有能力用木头做飞机。而那些不现实的、盲目要求完美的人，跟这个 4 岁大的孩子差不多，对一件事越缺乏了解，提的要求就越高，越发追求完美。

据大不列颠语料库的统计数据表明，最常与完美主义者（perfectionist）这个词一并出现的词汇是"脆弱的"（vulnerable）。

为什么呢？完美主义者为什么是脆弱的？因为，他们对事实缺乏了解，世界本来就是不完美的，他们追求的是不存在的东西，当然会常常受到打击。

从未把事情"做好"过，所以对"做好"全凭想象。因为不懂，所以不现实；因为不现实，所以脆弱。久而久之，这也变成了一个不去做任何事的借口。

"做不好的事情我不做！"如果有一天，你无意中说了这样的话，也许你需要冷静下来，仔细想一想，这是不是只是你的一个借口。

这里所说的"做不好"，很可能是"不能一下子做好"，但问题是，没有什么事情是一下子就能做好的。如果这个也不做，那个也不做，到最后，已经不是"不做一些事情"了，而是"什么都不做"，结果"一事无成"。

人就是这样，自己水平越差，对自己要求越高——当然对别人要求则更高。水平越高的人，常常对他人更宽容。梅兰芳教徒弟的时候最常说的话就是："这样已经不错了！"而纵观所有学习能力强的人，他们都有一个重要的特征：

对自己的差有很强的容忍度，因为他们知道自己终将进步，自己终将能进步到没那么差甚至相当不错的地步——因为他们已经有过无数次如此的经验。他们知道谁都是从差开始到不差、到好、到相当好的，这个过程中的每个环节都无法跨越，只能一步一步来。

这个世界上还有另外一些被称为完美主义者的人，他们是成功者。他们有能力把事情做到更接近完美，并且一直在努力。

比如，好莱坞导演詹姆斯·卡梅隆就总被人称作"完美主义者"。在艺术的道路上，他为了追求完美，不断磨炼自己的能力，并且坚持不懈。很多年以前，他执导过的《终结者》系列电影、《泰坦尼克号》获得巨大成功，他一跃成为当时好莱坞最当红的导演，许多投资人都非常青睐他，他本可以立刻开始着手拍摄《阿凡达》，但是卡梅隆并没有仓促上马，而是花费了十多年的时间，做足了各种准备。为了创造完美的 3D 效果，他耗资 1 400 万美元与日本索尼公司合作开发出了他理想中的摄影设备；为了能完整地把握3D 电影的拍摄方式，他参与了另外一部 3D 电影《地心历险记》的制作……这一切努力，最终成就了震撼人心的《阿凡达》。

好莱坞的另外一位导演克里斯托弗·诺兰也总被称为"完美主义者"。为了追求《盗梦空间》的完美效果，他准备了 10 年时间。为了使自己真正拥有驾驭宏大场面的能力，他在 10 年中，连续接拍了两部《蝙蝠侠》系列的《开战时刻》与《黑暗骑士》。然而，即便是这样追求完美的导演，他也经常在各个场合重复那句名言：电影是缺憾的艺术。

讲完了这两种完美主义者，同学们觉得自己更接近哪一种呢？

120 分的试题，我们不可能次次都拿到 120 分，但我们可以去努力。因为不能拿到高分就不去学习，不能把事情做到完美就不去做，这是失败者的借口，我们要学会接受自己的不完美，也要接受世界的不完美，只有接受这些，我们才能一步一步向更好靠近。

6. 不钻牛角尖：未知永远存在

  2004 年，"雷克雅未克快棋赛"的赛场上，传奇天才加里·卡斯帕罗夫对战 13 岁小将马格努斯·卡尔森。这是一场非常惊心动魄的国际象棋大赛，比赛时间非常短，可以说是步步惊心，但就在这个选手们惜时如金的赛场上，发生了一件奇异的事情。正当比赛进入关键赛点的时候，卡尔森突然站起身来，悠闲地在场上走来走去散起步来。在场所有的人都惊呆了，他的对手卡斯帕罗夫虽然表面上没有表现出惊诧，但他在接下来的表现中，明显失常。而这员 13 岁的小将却越战越勇，最终与其打平。卡尔森也因此成为史上最年轻的顶级国际象棋棋手。

少年棋手当时在想什么呢？一局棋到了生死存亡的赛点，他的思路突然梗在了那个地方，一时想不出办法，于是，他站起来让自己放松。他到处走走看看，甚至还扫了几眼其他选手的棋盘，突然，他灵光一闪，思路打开了。

在我们的学习中碰到过这样的事吗？一个问题突然拦住了我们的思路，怎么想也想不通，于是耗费大量的时间追根究底，一定要把这个问题解决。但很多时候却费力不讨好。浑身紧绷的田径选手是跳不出好成绩的。不如让自己跳出问题，让自己的大脑透一口气，答案反而更容易涌现出来。

除开上述这种钻牛角尖的情况，还有另一种情况也十分让人头痛。

校园里一直流传着这样一句话：老师喜欢会问问题的学生。仔细回想一下，似乎每一个班级里都有这样的同学。他们特别爱钻牛角尖，经常把老师问得哑口无言。当然，能把老师问倒，乍看起来是一件感觉不错的事。而且，有探索精神，能够提出问题，并且积极寻找答案，更是一件很好的事情。但是，大家有没有设想过这样一种情况——他们问的问题真的是有价值的问题吗？

在这些老师无法回答的问题中，有多少是有解的、值得问的；有多少是根本无解，也不值一问的。爱问问题是好事，但并不是每一个问题都有被提出的价值。例如，大家学到初中几何时，都会学到勾股定理，勾三股四弦五，当几何老师驾轻就熟地讲到这个定理的时候，全班54名同学，53名都非常自然地理解了。但这个时候，班上还有一位同学在大家全然没想到的地方卡了壳。他弱弱地举起了手问："老师，长边叫勾，为什么把短边叫股，斜边又为什么被称为弦？"相信全中国没有几个几何老师能回答这个问题。而在西方，这条定理被称作"毕达哥拉斯定理"，因为发现此定理的人叫毕达哥拉斯，故以此名冠之。可以想见，没有一个西方人，知道勾和股是什么，更不会问出长边为什么叫勾这种问题，但大家在各个领域都在自如地运用着这个定理。

在其他领域也是如此——学英语的时候，很多初学者都有过这个疑惑："为什么'John'这个名字被翻译成'约翰'？就算是音译，也差得太远了吧？"

上面两个例子，听起来有点可笑，但确实有很多同学曾经为之纠结过。据我所知，很多同学在学习的时候喜欢钻牛角尖，一旦被某个问题难住，就钻不出来了。学习进行不下去不说，还浪费了大量时间。事实上，这种"爱钻牛角尖"的背后，隐藏着一种焦虑——对未知的恐惧。每当这个时候，请你像那位少年棋手一样，站起来走一走，试着越过那个问题，继续前进！人类在任何一个问题上都不是全知全晓的。为了进步，我们必须忍受一定的未知。

首先，我们要承认自己不可能全知全晓。有些问题根本没有答案，就好像"先有鸡还是先有蛋"；而有些时候，即使有了答案，其原因也不见得是我们现在能够搞懂的。在这种时候，不是"不求甚解"，而是"暂时不去问为什么"可能更划算。

其次，未知分为两种：一种是永远不能解决的；另一种是在可预见的未来也许能够解决的。第一种抛开不说，我们必须面对第二种未知，学习的难度也在于此。"第一章的内容需要在掌握后面知识的基础上才能深入了解"，也就是说，在第一章，我们会有无数疑问，可这些疑问只有在对整本书都全面掌握的基础上才能解答。爱钻牛角尖的人通常不明白这个道理，卡在第一章动不了了。他们总是想"马上解决当时不可能解决的问题"。

未知永远存在，只有不断地去适应未知，我们才能"在未知中不断前行"。注意，继续前行并不意味着忽略问题，当你有问题解决不了时，一定要先把它记录下来，疑虑是思考的起点，带着这些问题继续前进，你的学习会事半功倍。

其实我们在幼年时做的很多事，我们都不知道为什么要做，只有长大之后才会明白。记得在小学三年级的时候，我父亲"威逼利诱"让我做了一件事——手抄《新华字典》。为什么要做这么无趣的事？

刚开始我很抵触，习惯之后我也没有什么怨言了，要我抄就抄吧，这一抄就整整抄了一年半时间。很多年过去了，当年抄字典时"学"到的那些生僻字，大部分我已经不记得了。只有一个"甭"字我还经常在课堂上拿来给大家举例。但是，我却在这个"不明原因"的抄写过程中，锻炼出了一种技能——不怕枯燥。学习知识大多数时候都是枯燥的，那么枯燥的事情我都做过了，还有什么枯燥承受不了？

现在想起来真是庆幸，我没有因为"不明原因"就卡在那个地方动不了，也没有因此不去抄写。而是带着疑问，让自己变成了一个能够忍受枯燥的强大的人。

7. 不空想：认清现实做正确的事

　　澳大利亚作家朗达·拜恩在其著作《秘密》中有过这样一句话："开始转变你对自身的想法吧：你可以做到，而且你具有做到那件事的所有条件。"这本励志书风靡全球，在中国更是广受追捧。心理学家们称这个理念为"积极思维"，也就是说以理想化的方式描绘可能的未来。然而这种理想化，很有可能是一种不基于现实的空想。

　　纽约大学的心理学家加布里尔·厄廷根做了一项实验，他们找来一些学生，将他们分为三组：积极想象组、消极现实组和混合组，同时交给他们一项任务。混合组需要想象自己完成任务后所获得的成就，以及

要完成任务时可能遇到的问题；积极想象组只需要想象自己完成项目后所获得的成就；而消极现实组则想象完成任务时可能会遇到的困难。

实验结果表明，积极想象的那一组，在完成任务时更加拖延，且较少付出努力，追求目标失败后会体验到更多的失望情绪；混合组的人更愿意在完成任务时投入时间和金钱。混合组被试同时进行积极幻想与消极现实的思考，会联结对照美好未来与现实困境，注意到要达到幻想中的美好未来，则首先要克服现实的困境。这会促进个体采取行动接近美好幻想。但如果只有美好幻想或者只会哀叹现实的困难，个体便很难采取行动，也永远到不了那个美好的未来。

与时间做朋友的方法很简单：用正确的方法做正确的事情。

正确的方法稍后再说，先讲正确的事情。最可怕的不是做事效率不高，而是做错了事。如果做的事情是错误的，效率越高，结果越糟。如果做的事情是正确的，效率低一点也没关系，因为做一点就收获一点、进步一点，动力就会更强一点，进而更容易坚持下去。

怎样判断所做的事情是否正确？核心只有一个：看它

是否现实。

几乎一切愚蠢的行为都来自否定现实、逃避现实。只有接受现实，才可能脚踏实地。如果成功是"用正确的方法做正确的事情，并且按计划完成"，那么，那些"时间管理技巧"都是多余的。最简单的道理往往最实用——现实只能接受。

接受现实是极其不容易的。有一个例子可供参考。

我们可以很容易地观察到，这个世界上的资源并非平均分布在每一个人的身上。我们建立一个平面直角坐标系，把全人类都放在这个坐标系里，横轴表示一个人所拥有的资源总量，纵轴表示与横轴所对应的总人数。从曲线图我们可以清楚地看到，极少数人在资源上极端贫困，也只有极少数人在资源上极端富有，绝大多数人属于中等水平。这就是真实的世界。

这种资源分布上的"不均匀"，看上去简单易懂，但古往今来，却有很多人拒绝理解和接受它。他们甚至拒绝使用"不均匀"这个词，而是用"不公平"取而代之。历史上有无数次的战争、无数次的掠夺，从本质上看，都是打着"公平正义"的旗号为所欲为的产物。

在我们生存的这个世界里，资源原本是有限的，经济学称之为"资源稀缺"，所以，体现在个人身上，"绝大

多数人都觉得自己拥有的不够多"。也正因为如此，人们的主观愿望肯定不可能全部得到满足。

理解这个现实貌似简单，但平静地接受却不容易。那些无法接受现实的人，往往选择了——逃避。在苏格拉底生活的时代，有一个哲学家叫第欧根尼。他意识到现实之后，用限制欲望的方式，逃避现实——"你不是资源稀缺吗？那我不消费了。我没有欲望总可以了吧？"累了睡木桶，饿了捡点剩饭。只享受真正零成本的所谓"消费"——例如晒太阳。有一次，马其顿国王亚历山大大帝专程去拜访这位哲学家，并允诺满足他的一个愿望。而躺在地上的第欧根尼只是不耐烦地对他说："我希望你闪到一边去，不要遮住我的阳光。"

两千多年后，卡尔·马克思选择了另一种形式的逃避——幻想。他注意到了资源的"分配不公"（准确地讲应该是"分配不均"），他认为，资源分配的不均匀是人性造成的。他开始幻想："你不是资源稀缺吗？没关系。别看现在是这样的，但是早晚有一天，物质会极端丰富。到那个时候，人们就可以各取所需了！"事实上，马克思去世一百多年后的今天，物质已经比他的时代丰富了无数倍，但物质依然稀缺，分配依然不均，贫富差距也越来越大。

现代西方经济学终于正视资源的稀缺性，明确了经济学的根本目的——研究"如何运用有限的资源发挥最大的效用"。直到这个时候，人类才平静而理性地接受"资源稀缺"这个现实，其间却整整花费了将近 2 500 年的时间，可见，接受现实多么不容易。

尽管现实如此难于接受，坚强的你却应该坦然。以上提到的种种现实，包括"速成绝无可能""只有付出才有收获""完美永不存在""未知永远存在""现状无法马上摆脱"，都既清楚又简单，你必须接受，还要牢记，并且绝不动摇。

最好时常把自己的一些想法或者计划写下来，然后与这几条现实对照，看看是否与现实相符。你会发现有些计划是不切实际的。这是正常的。但是，通过不断地记录、思考与反省，你会越来越善于认清现实，做正确的决定，做正确的事。

百分之百地接受现实也许痛苦，但浴火才能重生。时间是现实的人的朋友，是不现实的人的敌人。时间不是故意要这样做，只不过事实就是如此。

8. 不被梦想绑架：有什么学什么，学什么都努力

2009 年 7 月 7 日，《新文化报》上有一则新闻，13 岁男孩孙天瑞，高考 654 分，被北京大学和北京航空航天大学同时录取。孙天瑞的父亲希望他去上北京大学，但他本人坚持要去北航，他希望自己将来专门研究飞机的发动机。最后，他如愿以偿。

孙天瑞当然是幸运的，拥有聪明的大脑，年仅 13 岁就已经明确了自己的人生目标。而大多数平凡普通的人，也许需要好多年才能弄清这件事，况且，我们还会被环境所迷惑。

高考临近，许多同学开始迷茫，选择什么专业呢？一场一场的考试在身后追赶，还不知道自己想要做什么，已经要开始选择。大学毕业在即，毕业生们还不知道前面路在何方，就即将走上社会。现在有很多学生说自己对商科感兴趣。我对这种兴趣一直抱着观望的态度。他们真的对商科感兴趣吗？很可能不是。

在当下社会，打开任何一份报纸，头版出现的人物基本上都是政要，仅凭直觉，孩子们就知道自己的前途跟这些扯不上关系；再看第二版出现的人物，基本上都是娱乐明星，除了少数孩子会有明星梦，大部分也不会有那样的想法；再往后看，看到的就是商界名流。孩子们终于看到了一个或许可行的前途，于是，一个想法冒了出来："我要从商……"

怀抱着这种似是而非的想法，就很容易被自己的理想绑架。很多同学学着这个专业想着那个专业，很多已经工作的年轻人骑驴找马。他们看起来都很有追求，心里揣着一个早晚都要去完成的梦想。然而不幸的是，很多人抱着不切实际的"梦想"成为了平庸之辈。

在我看来，一事无成最根本的原因就是放弃。放弃的方法有很多种，最常见的是"换一个更好的方向"。但是，这个世界上并不存在更好的方向。因为，如果你总是不能安心走自己的路，所谓的"更好的方向"就会不停出现。而你达到目标的路就会越走越远，永远到不了终点。

日本的"经营之圣"稻盛和夫，25岁时就在精密陶瓷领域内有了划时代的发明创造，但同时他也是非常优秀的企业家，曾经亲手创立了两家全球500强企业。但谁会想到，这样一位以执着著称的传奇人物，年轻的时候也曾经想过放弃。他在大学毕业后进入了一家濒临倒闭的企业，工作了几个月都拿不到工资，一起去的同学都纷纷离开了那里，最后，他也支撑不住了想要离开。但他的兄长狠狠骂了他一顿，认为他这种半途而废的行为非常可耻。满心羞愧的他把东西全部搬到了实验室，从此，决定全心投入到工作中去。正如我们看到的，他的努力拯救了企业，而他也拥有了毕生为之奋斗的事业。

其实，这个世界上有很多人都是这样，遇到困难的时候都会本能地去选择"更好的方向"，但困难仍然会出现，"更好的方向"也会不断地出现，在不停地放弃中，成功只会越来越遥不可及。我从来都不相信"人人都能成功"之类的话，我顶多相信"人人原本都有可能成功"。我总觉得一个人最终成功，往往不是他选择了"更好的方向"，而是在于他的坚持。对于同学们现阶段的目标来说，可以将这句话理解为"不是人人都可以成为学霸，但是人人都可以像学霸一样坚持"。

如果你的起点是南极，你的目标是北极，那么，无论你往哪个方向走，只要中途不改变方向，最终会到达北极。但是，如果你中途改变了方向，甚至经常改变方向，你就无法到达北极，甚至可能返回出发点。所以，首先是要做，然后做到底！

许多年来，我曾见过身边不少的朋友被自己的"梦想"毁掉。越是不满现状，摆脱现状的欲望就越强烈，我们冷静地分析一下，现状是什么？现状是人们过去行为的结果，现状又是创造人们未来的原因。接受现状才是最优策略。

一个人的能力是依靠积累获得的。不管选择学习什么专业，只要开始努力，就会因为不断地积累而得到相应的回报。一味地抱怨，一味地摇摆不定，时间过去了，什么都得不到。所以，对很多人来说，所谓"梦想"也许只是陷阱。

有两个西班牙人，一个叫布兰科，一个叫奥特加。布兰科的父亲是一个富商，住别墅，开豪车。而奥特加的父亲却是一个摆地摊的，住棚屋，靠步行。

从小，布兰科的父亲就这样对儿子说："孩子，

长大后你想干什么都行，律师、医生、商人……无论你想干什么，我都可以请到人帮你实现梦想。"

奥特加的父亲总是对儿子说："孩子，爸爸的能力有限，你除了跟我去学摆地摊，其他的想也是白想。"

两个孩子都牢牢记住了父亲的话。布兰科首先报考了律师，还没学几天，他就觉得律师的工作太单调，转去学习医术。医生没干多久，他又觉得当演员不错，最后，他又决定跟父亲学习经商，可是这时，他父亲的公司因为遭遇金融危机而破产了。最终，布兰科一事无成。

奥特加跟着父亲摆了几天地摊，感到苦不堪言，可是，一想到除了摆地摊，再也没别的事可干，他又硬着头皮跟父亲出发了。可是，还没干几天，他又受不了了，又吵着闹着不肯去了。因为没事可干，不久，他又跟着父亲出发了。

慢慢地，奥特加突然醒悟到：要想永远摆脱摆地摊的工作，就得认真地将地摊摆好。结果，几年后，他终于拥有了自己的专卖店。30年后，他拥有了属于自己的服装集团。如今，该集团在世界68个国家中总计拥有3 691家品牌店，一跃成为世界第二大成衣零售商。奥特加以250亿美元个人资产，位列《福布斯》

2010 年世界富豪榜第 9 位。

　　认清现状，有什么学什么，学什么都努力。要想办法在任何情况下找到乐趣，抱怨只会浪费更多的精力与时间。这些年我遇到过许多优秀的年轻人，他们都有一些共同的特征：他们热爱学习，热爱生活，不受外界影响，专注而勤奋。他们因为自己每时每刻的努力而变得更优秀也更快乐。

练习：

请准备一个本子和一支笔，随身携带。哪怕用最便宜的也好，只要能用就行。

第一步就是要搞清楚自己的时间都用来干什么了？以下这几组练习会让每一个人心惊肉跳的。

第一组练习

这组练习只需要你用一个下午就够了。

一、认真回忆一下并记录昨天你都做了什么。逐条记录下来，前面写上标号，后面标注出做那件事情所花费的时间。比如：

1.上午去英文补习，8点30分从家出发，10点15分离开。花费105分钟。

2.回家休息，看25页课外书，11：00—11：30。花费30分钟。

3.吃饭，11：30—12：00，花费30分钟。

4.午睡。

5.写英文作业，15点左右的时候开始写，到18点左右的时候写完。差不多花费了180分钟。

（哈，我在写上面几行文字的时候，就发现自己期间还做了很多没办法或者不好意思写给别人看的，但是确实没用的事儿……不过，你反正是写给自己的，不会让别人看到的，所以，一定要如实记录。）

二、认真回忆一下并记录前天你都做了什么。同样逐条记录下来。

三、认真回忆一下并记录大前天你都做了什么。同样逐条记录下来。

第二组练习

这组练习只需要你用一个下午就够了。

一、认真回忆一下并记录上一周你都做了什么。

二、认真回忆一下并记录上一个月你都做了什么。

三、认真回忆一下并记录上一个季度你都做了什么。

四、认真回忆一下并记录过去的一年里你都做了什么。

第三组练习

一、用一个星期时间，每天晚上回忆一下并记录当天你都做了什么。

二、用一个星期时间，每天随时记录你刚刚做完的事情花费了多少时间。

这些练习全部做完，如果你觉得筋疲力尽或者看着这些记录心惊肉跳，我就要说我最喜欢说的那句话了：相信我，你并不孤独……

练习：

把此刻你想要的罗列在下面，给自己一个期限，届时记得来看你的成果。

① _____

② _____

③ _____

④ _____

⑤ _____

⑥ _____

PART 3

成长：与时间成为终生的朋友

第五章
与时间做朋友，搞定一切还能玩

能做多好就做多好，总好过什么都不做。

在某些方面需要权威的同时，自己也要尽量成为

某个方面的权威，这是每个青少年成长的意义。

1.改变自己，现在就来试一试

从前，有个农夫买了三亩地。有一天翻地的时候，他发现地中央有块巨大的石头。农夫找来卖主质问："你怎么不把这块石头挖出来呢？"卖主一脸为难地说："石头太大了，我怕很难挖出来，所以迟迟没有动手。"农夫听完他的话，二话没说，拿起铁锹就挖起来。没想到，当他挖起石头的一角，轻轻一撬，整块石头就被挖了起来。原来它只是看起来很大而已。

接受任务之后，什么时候开始执行才好呢？越早开始越好？那还不够，现在就开始！有同学曾问我："我之前浪费了太多时间，现在只剩一年时间就要中（高）考了，就

算我现在和时间做了朋友，感觉已经来不及了。唉，要是我早点看到这本书就好了。"如果你也有这样的疑问，我深感无语。向你们推荐一部青春励志电影——《垫底辣妹》。

看片名大家基本已经能够猜到了，它讲的是一个差生的故事。主人公沙耶加在上高二之前成天浑浑噩噩，只知玩乐，成绩完全没法看，一直是全班垫底。但是到了高二，一系列的变故，使沙耶加突然觉醒了起来。在补习班老师的帮助下，她给自己定下了一个高不可攀，但是又非常明确的目标——考上名校。周围的师长和朋友们得知她的决定之后，都惊讶得目瞪口呆，包括她的父亲都对此嗤之以鼻。她班上的老师竟说："如果你能考上，我就在校园里裸奔。"这也难怪，当时沙耶加的知识水平只相当于小学四年级。不管在谁看来，想用一年半时间考上名校，确实是有点痴人说梦。但是，沙耶加的态度很坚决，她剪掉了自己长长的鬈发，穿上了土里土气的运动服，真的开始努力起来。整整一年半的时间，在无数次的模拟考试成绩为 E 的打击中，她想过放弃，但是她最终选择了坚持，最后她考上了名牌大学。

虽然有艺术夸张的成分在里面，但是，这部电影所要表达的意思，正是我想说的：什么时候开始都不晚，重要的是你必须现在就开始。

电影《中国合伙人》里有一句话："掉在水里你不会淹死，待在水里你才会淹死，你只有游，不停地往前游。" 现在就开始，不要拖延，也不要想得太多。从现在开始珍惜时间，将每一个小时都用在有意义的事情上。

在起步晚了的情况下，问题不是"到时候能不能做好"，而是"到时候能做多好就做多好，总好过什么都不做"。明白了这个道理，以后不管遇到什么任务，永远不要再问"什么时候开始才好"，因为答案只有一个：现在！

如果你想改变你自己，或者你目前的处境并不令人满意，那就一切从简——挑出一件你认为最重要的事情，然后给自己做一个时间表，保证自己在未来的一个星期或一个月的时间里，每天至少专注于这件事情 2 小时。如果你能专注 3 小时那简直是意外之喜，因为一般 2 小时就基本足够了。最初的时候，你可以参考"番茄工作法"。例如，你需要学习 2 小时，即 120 分钟，那你就可以将这个时间分解成 6 块，每一块 20 分钟。在每个时间单位过后休息 5 分钟，想办法奖赏自己一下，刷 5 分钟朋友圈，来一把手游，但 5 分钟后必须暂停，进入下一个学习时间单位。

这个方法非常简单，却非常有效，很容易就能看到效果，也相对容易坚持下去。并且经过一段时间的坚持之后，你的单位时间会越来越长。所以，请各位同学丢掉所有的

顾虑，不要再说："唉，我要是能早点怎么怎么样就好了。"你要说："嗯，我现在就来试一试。"后悔焦虑或是对未来患得患失，都是浪费时间且毫无益处的事，认准你要走的路，然后坚持下去。

2. 不做思想的懒汉

　　人类是地球上唯一拥有庞大大脑额叶的物种，遇到问题动脑子想一想，对于人类来说几乎是不费吹灰之力的事情，可偏偏很多人最常说的一句话是"想那么多累不累啊？"

　　随着年龄的增长，从孩童成长到少年，思考问题的能力也应该随之增长，这是基本的常识，但为什么会有那么高比例的人懒得思考、不愿思考、害怕思考、厌恶思考——这个比例保守估计不会低于80%。而且，剩下的20%中甚至又有80%常常用错误的方法思考。综合来说，在全人类中，能用简单且清楚的方式把问题想明白的人几乎不到4%。

　　人都有大脑，闲置还是使用，是个问题。有脑子却不用等于没脑子。如果用，如何用呢？

　　思考，或者说独立思考，其实并不复杂。只不过是从别人那里得知一个结论后，自己动脑重新推演一遍，看看

得出结论的过程有没有漏洞和不合理的地方，衡量一下结论到底有没有道理。这个过程没有什么玄妙之处，任何一个有正常智商的人都应该会做，更是还在校园中的你必须掌握的基础技能，因为学习的本质就是掌握思考的能力。

在我们童年的时候，父母帮孩子做决定；大一点的时候，老师的结论影响决定；随着成长，来自外界的声音会越来越多，在各行各业都有所谓的权威和专家，思考虽然不费力气，但实在太麻烦了，为了避免麻烦而把思考推给了这些权威们。但是问题很快就出现了，首先，权威都是正确的吗？其次，同一个问题，几个权威的意见不一样，你要听哪一个的？最后，你选择了正确权威的正确信息，但是，你能正确地理解这些信息吗？

从另外一个角度来看，拒绝独立思考，把思考的工作交给别人，不仅不省时间，恰恰相反，这么做非常浪费时间——甚至浪费一生的时间。

举例来说，在学习的过程中，我们经常说的"举一反三"就是一个典型的独立思考的过程，同样一个题目，听了老师的讲解，有的同学经过思考，能据此解出另外十道题。而拒绝思考的同学，学一题只会一题，很快就远远落后了。不思考，看起来省了事，却失去了效率，浪费了更多的时间。所以那些拒绝思考的同学，明明在用天下最累的方式学习而不自知。

我们生活在一个不确定的世界，随时面临各种选择，权威不是用来迷信的，权威只是我们思考和认识世界的辅助工具，主要的工具始终是你的大脑。而且，我们在某些方面需要权威的同时，自己也要尽量成为某个方面的权威，这是每一个青少年成长的意义。

3.提高学习效率，让玩的时间更多点

有一天，班主任拿着一杯水走进了高三（2）班。高考还剩下最后的 120 天，老师看着已经满脸倦容的学生们，举起水杯问："各位同学，你们觉得这一杯水有多重呢？"

这个问题问得大家摸不着头脑，所以回答并不踊跃，有人说 200 克，也有人说 400 克，大多数同学都懒得回答这个问题，他们的神经已经高度紧张，根本不关心和高考无关的事情。老师笑着说："这杯水还不到 100 克，我就这样用手举着它，以我的体力，一个小时应该没问题，最多就是手酸。但是我要保持这个姿势一整天，你们可能要帮我叫救护车了。其实这杯水的重量是一样的，但是你若拿越久，就会觉得越沉重。这就像大家面对的高考压力一样，如果我们一直把压力放在身上，不管时间长短，到最后都会觉得压力越来越沉重而无法承担，我们必须做的是放下这杯水，休息一下，等体力恢复后再拿起这杯水，我们才能拿得更持久。所以，各位同学，为了考出好成绩，放松精神，多多注意休息吧。"

据我所知，有这样一些非常勤奋的同学，总是不间断地在学习，除了睡觉，几乎什么都不干地一门心思地学习，一天 24 小时塞得满满的，甚至不惜压榨自己的睡眠时间。这种不讲方法、不计后果的勤奋，我是非常反对的。这个世界上，没有任何一架机器是可以一直用 100% 的功率运转的，我们人类更是如此。任何人都不可能总是 100% 有效率，如果哪位同学强迫自己满负荷学习，他就会像一架用 100% 的功率运转的机器一样，由于损耗太大而提前报废。

本杰明·富兰克林是美国著名的政治家、物理学家，同时也是出版商、印刷商、记者、作家、慈善家，更是杰出的外交家及发明家。他的头衔多得简直令人惊叹，且几乎每一项都涉足完全不同的领域。他到底是如何做到的？同时完成这么多工作，且每一项都能做到出类拔萃，难道

他一天 24 小时都在工作吗？

恰恰相反。从富兰克林的自传里，我们可以清晰地看到，富兰克林确实非常勤奋、热爱思考，但他同时也是一个爱好广泛、很会享受人生的人。除了必要的工作，他会将大量的时间用在社交以及自己的爱好上。他喜欢和朋友们一起开读书会，喜欢和朋友们聚在一起天马行空地聊天。他的许多想法都是和朋友们一起轻松聊出来的。比如，他25 岁时建立的一家公共图书馆，其初衷只是为了让朋友们能够把喜欢的书都放在一起共享。在他的一份日常计划中，清楚地写着：午餐两小时，傍晚听音乐、消遣或聊天。

我的一些学生经常能做出长达几页纸的任务列表，到头来能够完成的却很少。每个人的能力和效率都存在一个上限。在做时间预算的时候，一定要留有空间。一方面，我们要留出一些时间处理每天的意外事件；另一方面，我们必须留出时间休息、放松，以便恢复精力，在良好的状态下做更多的事情。而更重要的是，大脑往往在放松的情况下才能产生更多的灵感。

人的大脑是越运动越聪明的，良好的睡眠能使你保持更好的体力和脑力。脑科学家认为有规律的运动可以提高人们解决问题的能力。所以，同学们一定要保证足够的体育运动。男生们一周打一次篮球，女生们一周去逛一次街，看一场电影，都是非常好的安排。按照黄金分割定律，如果一天你可以规划的时间有 10 个小时，你就这样规划吧：大概用 6.18 个小时去学习，而用剩下的大约 3.82 个小时去享受你的课外生活。那些即将面临大考的同学更是如此，越是临近考试越是需要保持清醒的头脑和充足的体力，临阵磨刀固然重要，但是把自己搞得疲惫不堪，刀是不可能又亮又光的。

我们再来讲讲专注力。每个人专注的能力是不一样的。前面我们已经讲到，我们应该成为控制自己大脑的人。而专注力恰恰就是这种控制的成果。

同学们大概自己也有感受，看电视剧、玩游戏可以一连几个小时纹丝不动，甚至忘记吃饭喝水。但是看书写作业的时候，每隔 10 分钟就要刷一次手机，很难保持专注。同学们不用为此过于沮丧，这是大部分人都会有的问题——简单而愉快的感官刺激更容易让人专注，同时又会本能地去逃避那些相对复杂的脑力劳动。

我们该如何运用心智去控制自己的大脑，提升专注力呢？

相信我，通过一定的练习，你的控制能力会越来越强。方法很简单——做记录，看看一天当中，哪些是无趣却又非常重要的，又有多少是非常有趣却毫不重要的；再进一步记录每一次专注的时间。不要小看这种记录，它会帮助

你鼓励自己逐步提升，并且在你不断有意识的练习中，你会发现你的专注力会越来越好。同时，当你在单位时间内专注力越来越长，你的学习效率会提高，你用在学习上的时间如果是高质量的，玩和休息的时间自然就可以安排得更多一些，这种稳赚不赔的好事，你必须试一试！

练习：

1.请用一周的时间，连续记录每天自己做过的"无趣而重要"的事，并在后面标注大致时长。

2.请将一周后的感受记录在这里，并将这些事能带来的"收益"一项项罗列出来，越清楚具体越好。

感受：_____

_____

收益：① _____

② _____

第六章

让学习成为一件快乐的事情

获取知识的有效手段——体验、试错、观察、阅读。

不是有兴趣才能做好，

而是做好了才有兴趣。

所有学习上的成功只依靠两件事——策略和坚持！

1. 学习是人生最宝贵的礼物

　　一谈到人为什么要学习，大部分中国孩子可能都会想到这样一句话："喏，你再不好好学习长大了就会去要饭。"虽然是一句玩笑话，但已经包含了大部分中国人对学习的理解——好好学习是安身立命的根本。落实到具体的学习生活中去时，这句话又变成了"分分分，学生的命根"。小时候，学习是压在我们头顶的分数，长大后，它又直接关系到我们的饭碗。所以，学习对于中国孩子来说，从来就不是一件快乐的事。

　　伴随着"分数"的压力，又滋生了另一种看法——读书无用论。在一些地方，很多生意做得很好的老板和大集团的 CEO 都是小学、初中文化程度，而现在好多大学生一毕业都很难找到工作。很多学生提出疑问：读书真的有用吗？

　　每当听到这样的疑问，我都忍不住对他们说出那句非常有名的话："你知道他们有多努力吗？"首先，学历不高，并不代表他们不学习。据我所知，他们中的大部分人，在学习方面付出的努力是常人的更多倍。其次，随着时代的发展，富豪榜上的那些超级富豪们的学历已经高到让人咂舌的地步。当然，学历只是一种表象，促成这种成功的主要内在原因就是——学习能力。

　　一边是分数的压力，一边是学了也找不到工作。在这样两种错误的学习观中学习，我非常理解中国学生的痛苦，但我不得不告诉所有的同学，学习真的是一件非常幸福的事。

　　我们为什么要学习？

　　学习是一种成长，就像吃饭能让我们长身体，学习知识能让我们长心智，在生长发育的整个过程中，为了使心智与身体相匹配，必须不断学习知识。很多同学大概就要反问："学习嘛，不就是老师在上面说，我们在下面听，课后写作业，回家背课本……"当然，这样说也没有错，同学们现阶段面临的学习生活大概也就是这样。但是，我想从更广阔的维度去谈论学习，以及我们能够学习是一件多么幸运的事。让我们先从获取知识的基本途径说起吧。

　　获取知识最为基础的手段是——体验。

所谓"体验"，是来自五官的感觉——视觉、听觉、嗅觉、味觉、触觉。当我们看某一事物的时候，"看到"本身就是一种体验。于是，我们知道长城是宏伟的，新买的平板电脑质感是很好的，鸡翅是可口的。

比体验再高级一点的获取知识的手段是——试错。

有一次我在同学家聚会的时候，一个女同学为了证明自己会烧菜，说要给大家烧个宫保鸡丁吃。大家当然非常高兴。几分钟后，厨房里传出一声尖叫，大家蜂拥而去，发现她把手指含在嘴里，眼里含着泪。我们都很奇怪，不知道发生了什么事。后来才弄明白，她把油倒进锅里，然后点燃煤气灶。过了一会儿，搞不清楚锅里的油是否已经开了，就用一个手指伸进去试了试……当时我们集体目瞪口呆。

这看起来实在太笨，但这位同学应该再也不会把手伸进油锅了。这就是试错，试过之后，知道错了，然后就再不犯错。当然，也许在试过之后，发现不仅没错，还很正确，那么就多了一项新的知识。鲁迅先生曾说，"第一个吃螃蟹的人是令人敬佩的""不是勇士谁敢去吃它呢？""螃蟹有人吃，蜘蛛也一定有人吃过，不过不好吃，所以后人不吃了。"

在"试错"的基础上，还有一种方法更加聪明一些——

"观察"。

我前面讲到的故事还有后续，当大家目瞪口呆地看着那个手伸进油锅的女生时，屋子里另外一个女同学喃喃地说："哦，原来是不可以用手指头的呀……"大家又愣了一下，继而哄堂大笑。

"观察"扩展了我们的学习范围，我们依靠观察能获得更多经验和教训，并且转化为自己的知识。然而，"体验""试错"和"观察"都是有局限的。

首先，大部分知识无法通过"体验"获得。例如，地球的构造是怎样的？没有人能自己去挖一挖。太阳的温度是多少呢？也没人能自己去摸一摸。同样，大部分知识也很难通过"试错"获得。所以，还有一种更加重要的手段——"阅读"。

电影《新基督山伯爵》中有这样一个片段，对我触动极大。我经常会翻出来看一看，已看过无数遍：

> 身陷大牢的爱德蒙·唐太斯终于见到挖了6年却不幸挖到另一个牢房的法利亚神甫。
>
> 见面后，法利亚神甫要求爱德蒙帮他挖地道："为了报答你的帮忙，我将提供给你一样无价的东西……"
>
> "给我自由吗？"爱德蒙的眼睛一下子亮了。

"自由是可以剥夺的。"法利亚神甫颇有些不屑，接着说道，"我会将我知道的一切知识教给你；我会教你经济学、数学、哲学、科学……"

爱德蒙问："读书、写字？"

法利亚神甫愣了一下，发现爱德蒙是个大字不识的家伙，颇有些无奈："……当然。"

这时的爱德蒙已经根本无法拒绝了："我们什么时候开始？"

大字不识的爱德蒙一心想得到自由，神甫却认为知识才是最宝贵的礼物。因为，没有知识，精神怎么会自由呢？精神不自由，肉体的自由又算得了什么呢？而精神的自由是谁也夺不走的。爱德蒙的重生从学习阅读开始，他开始深刻地思考，很快他便成为一个可以天马行空的人。

从小学、中学到大学总计 15 年的时间里，我们已经从课本上把哥白尼、伽利略、牛顿，或者达尔文、门捷列夫，甚至爱因斯坦等历史上的巨人们所拥有的最重要的知识，装进自己的知识库。除此之外，我们还可以通过阅读课外书籍继续拓展知识领域。这是一件多么幸运的事啊。

2. 所有学习的开始都会充满疑问

在新学期的开始，看到各种新增的科目：物理、化学、高等数学、微积分……有同学会发出这样的疑问："学这些东西真的有用吗？"其实，所有学习的开始都是充满疑问的，在尚未学习之前，答案只能是"不知道"。有些知识甚至学到最后，很多人也不知道它有什么用。但正是因为这种未知，有些同学（比如多年前的我）决定认真地去学习，我们称他们为甲；有些同学却会随便对待，我们称他们为乙。甲和乙将来的命运也许会因为这样一个小小的选择产生巨大的不同……

在更多的时候，甲很可能连想都没有想过"学这些科目有什么用"。他从来不问用途，只是自顾自地学习。许多年后，他自然而然地找到了那些知识的用处，并享受到了种种好处。于是，这些经验成为他们心智的一部分，下一次遇到新的学习机会，他会采取同样的策略：管它呢，学呗，学了总有用处。他会自然而然地理解"技不压身"的道理。

我们来说乙。因为乙总是在发出"学这些科目有什么用"的疑问，他从来不曾好好学习，对很多科目只是随便应付，随着时间的推移，他得到的结论只能是"我没好好学也没什么嘛"。而当他走出校园，踏入社会，他会自然而然地无视一切看起来无用的技能学习。这种拒绝学习的判断，渐渐融入他的心智，根深蒂固。

认真审视一下自己，再观察一下身边的同学，你就会发现：像乙一样的人更多。认真分析这两种截然不同的学习态度，摆脱自身的局限，需要心智的力量。如果说，车是人类腿脚的延伸——使人们走得更远，望远镜是人类眼睛的延伸——使人们看得更远，计算机是人脑的延伸——使人们算得更快……那么学习就是人类所有能力的延伸——可以使人们拥有更多的能力，而且它只需要花费时间与精力，投资回报率却高得惊人。

但是，很多同学显然没有认清这一点。我见过很多拒绝学习的人。我曾经多次尝试劝我的一个朋友花 20 分钟

学习一下命令行下的批处理方法，未果——他拒绝的理由是：现在谁还用命令行啊？早就是可视化操作系统时代了！我劝另一个朋友花 10 分钟学习一下 Google 上通配符的使用——她说，不用那东西也一样能找到自己想要的啊！

我曾经替他们着急，可是后来发现这是个"死结"。为什么呢？第一，拒绝学习就无法知道学习能带来什么收获；第二，不知道收获是什么，就无法体会这种收获有多好、多大；第三，总是体会不到好处，就会一直缺乏学习的动力。

任何一个人，如果有自学某种技能的经验，就会知道，在习得的那一瞬间，整个世界都会为之而变。或者换一个说法，因为有能力做更多的事情了，你就会拥有另一个完全不同的世界。比如，你熟练掌握了一门外语，你原本生存的世界就多了一扇门，跨过门槛将是另外一个世界。那么，你比另外一些只懂母语的人，多拥有一个世界。

痴迷于学习的人，正是基于这样的体会。每次掌握了一门新的技能，就感觉自己重生一次。很多年前，当我学会了当众演讲，世界就变了；当我真正学会了如何教书，我才发现我已经身处另外一个世界……回顾往昔，我感到自己已经重生无数回。

众所周知，演艺界是一个更新淘汰非常快的行业。那些从影几十年的老演员，之所以能屹立不倒，除了天赋之外，他们过人的演技更多的来自勤奋。而由于他们的工作性质，他们也是经历"重生"最多的一群人。演员们会在每一次演出中，想尽办法去了解他们所饰演的角色。罗伯特·德尼罗为了演好一名拳击手（《愤怒的公牛》），几个月内增重 60 磅，而后几个月又减重 60 磅；梅尔·吉普森为了拍好《勇敢的心》，曾经花费几年时间去图书馆做功课；艾迪·哈里斯为了演好贝多芬（《复制贝多芬》），花了好几年时间打磨自己的琴艺并揣摩贝多芬的心迹；刘德华演《阿虎》时，为了能自然地流露出虎落平阳的神态，不知道自愿挨了多少顿打……

对比这些演员 20 年前的照片，会发现他们的眼神已经变得深邃。我的理解是，他们每演一部戏就等于活了"一辈子"，而他们早已经活过不知道多少辈子，眼神就变得越来越深邃透彻。这正是"学习"最有魅力的地方，任何知识的获取都是不可逆的。在你学习它的那一瞬间，它就已经改变了一切，你的眼神、你的生活都会发生变化。

不管你之前的学习态度是怎么样的，也把以前的学习成绩先放在一边。你可以试着选取一项非常容易习得的小技能，花一个下午的时间学一学。比如，学一下复原三阶魔方，或者看一本社科类的课外读物。无论这个小技能多么简单和普通，你都会因为这种"习得"感受到一点不同。

一旦拥有了一个起点，学习的快乐就会在你身上生根发芽，无论多大的学习压力都压不垮它——它会越来越茁壮，越来越坚强。

千万不要拒绝学习！

我的故事——"多学点东西总是好事儿"

这个故事发生在 1984 年。那时我还在读初中二年级，快放暑假的时候，有一天班主任拿来一张纸贴在黑板上，说是少年宫要办个什么学习班，谁有兴趣就去看看。第二天，我们一帮同学顶着太阳跑跑闹闹就去了，其实当时连学什么都不知道。许多年后的今天，我依然觉得记忆中的那个日子亮得刺眼。

到场的时候，屋子里早已挤满了人。我们几个只好挤到教室的最后面，爬到桌子上才能看到黑板。我们一教室人等了好久，才看到一个瘦瘦的男老师进了教室。他一进来也没说什么，把一个键盘（就是那种最早的 R1 机型键盘）接到一个单色显示器上，然后在电脑上做了一些演示——一个用字母拼出来的几何图形。在现在看来，这是多么容易的事。但在当年的我们看来，简直可以算作是神奇，屋子里不断地爆发出惊叹声和欢呼声。

在一连串的炫技之后，那位老师说："今天就到这儿吧。"整个教室上百人都发出失望的叹息声。那位老师又接着说："明天下午开始正式上课，报名参加的学员，要交 10 元钱学费。"

我几乎是一路跑回家的，跟老妈一讲，她一点都没犹豫，当时就答应了，说钱等晚上你爸回来就给你。第二天我拿着爸爸给我的 10 元钱，兴冲冲地跑去找和我一块去听过课的同学，结果他说他不去了，因为他妈妈说学那个没什么用。

我颇为扫兴地一个人走到少年宫，手在兜里紧紧攥着那 10 元钱。要知道，10 元钱在当时是面值最大的人民币。

到了少年宫三楼的教室，我这才发现那间教室其实特别大，昨天是因为挤满了人才没觉得。而今天，空荡荡的大教室里算我在内只有 5 个学生，其中一个还是少年宫的工作人员。后来课程上到半的时候，还有一个学生中途退班了，她爸爸要回了 5 元学费。

许多年之后，我跟母亲提起这事儿，她说她只是想让我度过一个不无聊的暑假。当时，我父亲听说要交 10 元钱学费的时候，也只说了一句话："多学点东西总是好事儿。"

那个短短的暑假之后，摆弄计算机给我带来了无数心灵愉悦。这些暂且不论，只说一件事——在编写《TOEFL 核心词汇 21 天突破》的过程中，我在计算机方面的知识派上了大用场。我自己编写的一些批处理脚本，在极短的时间里，帮助我完成了海量的工作。如果我没有在那个暑假开始学习电脑，而纯用手工来完成这些工作，就算多花上好几倍的时间，也很难保证那样的质量，而最终质量保证了销量。

《TOEFL 核心词汇 21 天突破》这本书，定价29元人民币，目前已经在市场上销售 8 年有余，每年至少销售 4 万册，最多的一年是 75 万册。这些年来，这本书为我带来 100 多万元人民币的收入。当年学习班的学费现在翻了 10 多万倍。我常常跟母亲开玩笑，说她比巴菲特牛多了，30 年不到，投资回报率高达百分之一千多。

顺便说一下，在编写这本书的时候，我还用到了统计学方面的知识。而统计学也是我上大学时业余自学的一样东西。学之前我并没有想那么多，学习之后我才发现，它是现代科学所有领域都必须学习的数学分支。当年，我在大学图书馆里翻阅统计学书籍的时候，实在也没有想到，我会把那些理论应用到英语教学上。

　　事实上，从现在开始倒推 10 年，我都无法想象自己有一天会去教英语。而一直以来，学生们评价我是"讲课最精彩的老师"，这大概与我的超强说服能力有关——但是我之所以能练就这样的能力，并不是因为我想到有一天能当老师，而是因为我的第一份工作是销售员，我必须学习说的能力。

3. 不是有兴趣才能做好，而是做好了才有兴趣

经常有同学告诉我，他们对自己的专业没兴趣——真正感兴趣的是某某专业。看得出来，这些同学很不快乐，因为他们觉得自己在做不喜欢做的事情。与此类似的表达我还听过很多："老师，读书真的有用吗？我的努力真的有意义吗？""老师，我不喜欢读书。我对学习不感兴趣"……

每当我听到这样的话时，我都深感怀疑。事实果真如此吗？不客气地说，99%的情况下并非如此。

首先，这些同学并不是对正在学习的内容没有兴趣，而是没有能力把它学好。自己做不好的事当然不喜欢做。每个人都会下意识地回避自己的短处：篮球打得不好的男生被同学硬拖上场是不会开心的；唱歌跑调的同学通常不太喜欢和朋友一块儿去唱歌；比较害羞不善言辞的同学通常很少主动举手回答问题。当然，也会有一些例外，唱歌跑调却居然是麦霸；球打得不好总是要抢着上。

抛开那些个例不说，当我们感到自己对某件事没有兴趣的时候，应该问自己一个问题：我不喜欢做这件事，会不会是因为我做不好这件事？如果是这样，就要考虑另外一个问题：做好这件事情究竟对自己有没有意义？如果有，那就努力去做，直到做好为止，没有其他选择；反过来，自己做得挺好，但就是不喜欢，那就太简单了，直接换一件事情做吧。

其次，人们总说自己真正感兴趣的是其他事情。但真的去做这些事的时候，同样要经历困难重重，挫折不断。没过多久，兴趣被磨得没有了，又开始幻想做另外的事情，并且将这一行为"合理化"："我真正感兴趣的原来并不是这个……"

综上所述，我个人认为，兴趣并不是很重要，至少没有同学们想象的那么重要。如果你的钢琴弹得特别好，并且比大多数同龄人弹得好，你多半不会讨厌弹钢琴。我有时候会看到某些父母送孩子去上各种兴趣班，说是为了培养孩子兴趣的时候，我就赶紧闭上眼睛——不愿意看到孩子就这样被"害"；培养孩子兴趣，不是买来一架钢琴，

或者买本书给孩子就可以了。事实上，要根据孩子的情况，选出孩子最可能做好的事情；然后还要伤透脑筋帮孩子学得更好——兴趣才可能出现。总而言之一句话：不是有兴趣才能做好，而是做好了才有兴趣。正是因为人们总是搞错顺序，所以才有了那么多半途而废。大多数的事情都是需要反复做、反复练习才能做好的。做得多了自然就擅长了，兴趣就大起来了，这是一个良性循环。"没兴趣"往往只不过是结果而已，却被当作不去做好的理由，最终的惩罚就是大量的时间白白流逝。

4. 提高自学能力，比别人更快一步

按照中国的教育标准，一般是进入大学后才开始培养学生的自学能力。所以，从理论上讲，一个大学毕业生就应该有足够的自学能力。但据我所知，真实情况并不乐观。在经过了严苛的高中学习、通过了高考的独木桥之后，很多同学一进入大学别说自学能力了，连日常学习都不太能坚持。这是为什么呢？在初高中阶段，同学们的学习规律和节奏是受到学校严格约束的，上了大学之后，突然失去管束，很容易陷入迷茫。所以我的建议是，在上大学之前，我们就必须养成自主安排学习生活的习惯，并且很有必要习得自学的技能。

在这里我想从几个方面讲一讲如何自学。

一、自学能力的基础是阅读理解能力

文字是人类积累知识、经验共享的重要手段。同学们从小学一年级就开始识字，按照识字量来推算，一般到了二年级就能阅读简单的短文。但识字就代表已经具备阅读能力了吗？当然不是。据我观察，许多同学在初中毕业之后，阅读能力都还不过关，只是停留在识字的阶段。

"阅读理解"这事儿说来简单，做起来其实难得很。在阅读之前，必须有一个甄别信息的过程——这信息可靠吗？有效吗？对我有什么样的帮助？甄别完成后，信息要经过大脑进一步处理：需要记忆的要记住，记不住的就要复习；不需要全部记忆而又有用的，就要用文字存档，以便将来能够随时找到。

同学们看到这里应该会感到惊讶：阅读原来这么繁琐呀？确实，智能手机和移动新媒体让大家更习惯碎片式阅读，但没有人是靠捡地上的硬币变成富翁的。走马观花地读书效率其实是很低的。并且，由于阅读方式的改变，大家在选择阅读内容时，也总是愿意读那些容易理解的内容。但阅读同样是需要脱离舒适区的，读起来需要费一些脑子的书，对你的帮助更大。当大脑里存储的有用信息多到一定程度时，你会发现你的阅读能力、存储信息能力都在不断增强，更让你惊喜的是，你拥有了融会贯通的能力。恭喜你，自学能力轻松 get！

二、写作能力在自学能力中占据着重要的地位

这里的"写作能力"不是写小说、写诗歌的能力，只是写作能力中最基本的一种：写出简洁、有效、朴素、准确、具体的说明性、说理性文章的能力。

我们的教育把语文和文学联系得过于紧密，忽略了文字本身的意义。文学固然是美丽而不可或缺的，但它只是文字应用领域中的一个分支而已。文字还有更重要的责任——传递信息、积累经验、共享知识等，对大多数同学来说，后者可能更重要一些。

同学们可以有意识地做一些训练，看完一篇文章，试着用简洁而准确的文字概括其大意，记录其中有用的知识点，这种读书笔记并不是简单的抄录，而是一种非常有益的写作训练，同时也是一种思维练习，会在你将来自学的过程中发挥不可小觑的作用。

三、实践能力是自学能力最终能够转化为真正价值的根本

说到实践能力，我还是要拿学英语来举例：很多人天天在学英语却从来不用。背单词坚决不造句，却去练习词根词缀记忆法或联想式记忆法；背了那么多单词，却从来不去读英语文章，也从来不试着写。其实掌握 2 000 个基础词汇、了解基本语法规则之后，就应该去使用了。比如看英文原版书就是很好的应用。有不认识的词就查字典嘛；单词都认识，但整句话就是看不懂，那就查查语法书嘛；如果还是搞不明白，那就问问老师嘛。

我经常遇到问我"这个单词是什么意思"的学生，他们在第一步就已经放弃了实践。这是非常让人遗憾的，我会大声告诉他们：查一下字典，靠自己学一样东西吧！这也是我想向正在读这本书的同学们大声呼吁的：管它是什么，完全靠自己学一样东西吧。

认真思考一下自学能力，认真地付诸实践，努力把一项技能从不会到会，从不懂到懂、到完全精通，如果真的做到这个地步，你将成为一个非常优秀的学生，并在不远的将来成为一个非常优秀的成年人。那时，你完全可以自豪地对自己说："你太有才了！"

5. 所有学习上的成功只依靠 两件事——策略和坚持

"老师，这个方法真的有用吗？"我经常被问到这样的问题，而且，向我提问的普遍还都是一些聪明勤奋的学生。这些同学对学习方法非常看重，不仅方法要正确，还要足够巧妙，而且还有一个重点是—— 一定要有效率，因为时间有限，如果成绩出得太慢那可糟糕了。关注学习方法是一件好事，先学习如何学习再去学习，当然能够事半功倍。但是，同学们有没有注意到，在学习的世界里，有很多学有所成的人，往往使用的都是非常笨拙且低效的方法。我的父亲就是一例。

20 世纪 60 年代，我的父亲毕业于黑龙江大学俄语系。"文革"期间，他在五七干校开始自学英语。在那个时代，

没有像样的参考书，况且白天还要干活，只能利用晚上的时间学一下。但是我父亲就是在这样艰苦的条件下，自学完成了英语。后来国家落实政策，我父亲获得平反。在80年代初，他凭借着自学的英语，在东北的一所高校任教，担任英语系主任，直至退休。我曾经特意问过他很多自学的细节，可以确定的是，他不知道艾宾浩斯记忆规律曲线，没听说过金山词霸，没有真人发音的韦氏字典电子版，没有我爱背单词的APP，更没有什么一招制胜的秘籍。他为什么能在如此艰苦的条件下，完成英语学习呢？

还有一个相当能说明问题的例子——我所敬重的钟道隆教授。钟教授以他的《逆向英语学习法》著称。请同学们注意，在这里我没有任何冒犯的意思，只是尝试着述说事实。钟教授的方法不仅不新（其中的精髓——"听抄"，或者"听写"，几乎是所有大学的外语系里最常用的基础训练手段），也并不特别高效。但是，钟先生45岁时采用这个办法学习英语，仅用了一年时间就成为高级翻译，很多使用"逆向法"的学生也都取得了很好的学习效果。这又是为什么呢？

还有众所周知的例子——大名鼎鼎的"疯狂"的李阳。当年，他让三千多名学生集体下跪，后来又劝女大学生削发拜师明志；他操着一口让人折服的漂亮英语发音，用疯狂到令之震惊的态度，征服了大江南北无数的学生。抛开那些争议，有一点是可以确定的，李阳通过他创造的"疯狂"学习法成功地学会了英语，并且，这种方法使很多学生真正提高了英语水平。怎么回事儿呢？

还有，我以前工作的地方"新东方学校"，以 TOEFL 和 GRE 培训著称。学校创始人俞敏洪发明的"词根词缀记忆法"一直以来非常流行。这个方法其实也并不是什么灵丹妙药，只是一个辅助手段而已。但是，俞敏洪本人确实有很大的词汇量，而他的学生也都从中获益，考出了好成绩。可是，那套方法并不新鲜啊！

我的父亲就不太欣赏"词根词缀记忆法"。有一次，我跟他大谈特谈这套记忆法，他听完之后，想了想问我说："你是用偏旁部首背下所有汉字的吗？你学会常用的三千个汉字之后，遇到不认识的字还不是要去查字典？那时如果非要用偏旁部首猜测的话，难道不是一猜一个错吗？中文中有专门的词告诫人们切莫'望文生义'，难道你忘了吗！"

请同学们注意一件事，他们使用了各自的学习法，他们都很成功。更准确一点讲，他们自己都很成功，但是用的方法却并不相同，甚至可能相左。可是，如果仔细观察，我们就会发现他们有一个共同点——他们都是非常用功的人。其实，我一直想说的是：跟用功比起来，方法几乎不重要。

相信很多同学读到这里，要有不同意见了。我要说清楚这件事也确实不太容易。直到有一天，我跟我的健身教练闲聊的时候，我突然获得了灵感，才有能力把这件事说清楚。

我的健身教练臂围是 43 厘米，几乎和常人的大腿一般粗。有一次他告诉我他练习的诀窍——握哑铃的时候，一定要把手掌边缘贴到靠体侧的那一个哑铃片上。这样的话，臂屈伸的时候，肌肉获得最大的刺激，手臂才能够练得粗壮。然后他灿烂地笑着说："多简单啊！"

而我却突然明白了一件事：他的成功并不是来自这个神秘的小技巧。事情是这样的，我认识的另外一个健身教练，臂围也是 43 厘米，他从来没有使用过这种小技巧。但是他也练出了同样粗的手臂。

其实，他们的秘诀是一样的——苦练！由此可见，所有学习上的成功，都只依靠两件事——坚持和学习方法，而坚持本身就是最重要的学习方法。

坚持其实就是重复，而重复就是大量的时间投入。据我母亲讲，我父亲学习时从来不"废寝忘食"，但是，他几乎把所有的时间都充分利用了起来。钟道隆先生很坦率地说："为了学会英语，我下的功夫是很大的。坚持每天听写 20 页 A4 的纸，晚上回家很晚也要补上，不达目的决不休止。从 1980 年 1 月 31 日到 1983 年 2 月，整整 3 年时间，我写了一柜子的听写记录，用去了一把圆珠笔芯，听坏了 9 部电子管收音机、3 部半导体收录机、4 部单放机，翻坏词典 2 本。因为我不断地在上面写和画。"俞敏洪也是个超级用功的人。据我所知，他每天的日程表打印出来有满满一页 A4 纸，通常都会提前一年安排下一年的时间表。虽然我对"疯狂"的李阳不太了解，但我相信，他漂亮的发音并不仅仅来自天分，而是靠"疯狂"了许多许多年才练就的。

相对于坚持，方法有多重要呢？几乎不重要。为什么呢？所谓的"好方法"实际上是因人而异的。适合这个人的方法，放到另外一个人身上，很可能适得其反。换言之，适合所有人的方法基本不存在。所以，与其浪费时间去寻找适合自己的学习方法，还不如马上开始行动，抓紧时间踏实学习，以免虚度更多的时间。

小测试：你的学习效率高吗？

1. 时间安排

你是否很少在学习前确定目标？

学习是否常常没有固定时间？

是否常拖延时间以至于作业没有按时完成？

学习计划是否只在开头几天有效？

一周学习时间是否不满 10 小时？

是否把所有的时间都花在学习上？

2. 注意力

你的注意力完全集中的状态是否只能保持 10—15 分钟？

学习时，身旁是否常有小说、杂志等使你分心的东西？

是否常与人边聊天边学习？

3. 学习兴趣

你是否一见书本就喊累？

是否只喜欢文科，不喜欢理科？

是否常需要在强迫的情况下学习？

是否从没有意识地强化自己的学习行为？

4. 学习方法

你是否经常采用题海战术来提高解题能力？

是否经常重复多次，死记硬背？

是否从未向学习好的同学讨教过学习方法？

是否从不向老师请教问题？

是否很少主动钻研课外辅助读物？

上述问题，如果你选择肯定的答案"是"越多，就表明你的学习效率越低。你可以从上述四类问题中找出自己学习上的主要毛病，然后有针对性地进行改善。

第七章　最容易被忽视的五把学习金钥匙

恰当而又正确地使用语言，

可以帮助修复思维漏洞。

在沟通与交流中，听比说更重要。

1. 离开思维陷阱，学习会变得很容易

很小的时候，我母亲教我："不管学哪门功课，拿到书第一件事，先把所有的基本概念死记硬背下来。把概念牢记于心，就可以通过以后的学习与实践反复审视它，并形成透彻的理解。"这一教诲对我的帮助非常大，所以我上学期间从未觉得哪门科目太难。后来做了老师，有机会大量观察，才发现几乎所有的学习困难，都是因为基础概念没有弄清楚造成的——没有例外！

从人类诞生的那一天起，为了能够认知、思考、交流，人类不停地创造着新的概念。最初的时候，只有一些具体的实义概念，比如，肉、水、火、牛、蛇。随着对周遭认知的程度越来越广泛、越来越深入，那些看不见摸不着，

却又真实存在的东西，也开始被人类定义，比如毒、气、智等。好多概念一开始就被定义得很准确，并且一直沿用到今天。

可以想象，我们认知这个世界有多么不容易。我们不停修正增补一些必要的概念，弃用那些错误的、不必要的概念，就是为了能够把这个世界看得更清楚。我们与我们生存的世界之间就好像有一层毛玻璃，我们把那些概念打磨得越准确，毛玻璃就变得越透明，而我们可以把这世界看得越来越清楚。

其实我们说某个人"脑子清楚"，就是指那个人的脑子里没有乱七八糟的、错误的概念。他很清楚地了解那些概念是什么，所以他的脑子是很清楚的。

当同学们在学习知识的时候，搞清楚所有的基础概念是最重要的。不夸张地讲，任何一个学科的所有知识，都是由这些概念一点一滴搭建起来的。一般人看见房子，不会觉得砖头有多么重要；但是对于盖房子的专家来说，砖头分为好多种，每种功能都不同——这就是内行和外行的区别。

所谓"脑子混乱"的人，就是把根本不是一回事的东西，当作了一回事。因为他们构造世界的概念是粗糙、混乱、未经细分与整理的。所以，他们的世界也同样是粗糙混乱的。

可是很多人对这一点常常是不自知的。只不过因为他们的概念太乱、太含混，才会把完全不同的东西混为一谈。

不知道"目标"与"计划"之间区别的人，意识不到自己可能会因为死守计划，最终无法达成目标；不知道"上学"与"学习"之间区别的人，他们中的高学历者会瞧不起那些学历低的人，同时，他们中的低学历者会瞧不起高学历的人。很多学生讨厌历史课，其实只是因为没弄清楚"历史"与"历史书"之间的重要差异……

所以，我一直强调"时间不可管理""我们只能管理自己"，并非咬文嚼字。"时间管理"和"自我管理"是完全不同的概念——焦点不同、方法不同、效果不同……但是，很多人没想过这件事，在他们的世界里，这两个概念从来没有被仔细定义、认真区分过，故而他们的思考和判断在这方面就是模糊的；进而所做出的决定，即便是对的，也不过是撞大运得来的而已。而撞大运的特点是：这次运气好，会导致将来运气必然不好，因为运气好的概率不可能很高——根据"运气"的定义，概率高了，就用不着运气了……

2. 换个方式说话，嘴巴也能训练大脑

我曾经看过一部新闻题材的电影，里面有一个细节让我印象非常深刻。报社老板呵斥一名刚入行的记者：永远不要再跟我说"我认为……"了！你的看法关我屁事？我要的是事实……从那之后，那个毛头小伙就刻意让自己写的句子都用"事实上"作为开头，在后面的情节发展里，他真的不知不觉地剔除了很多"偏见"。这个电影里的小细节对我触动很大，我这才明白，原来在很多领域，有些"思维训练"其实只是需要更改语言习惯。想明白这些，我突然回想起我小时候的几件小事。

在我的成长过程中，我的父亲常常会帮助我纠正一些不良的语言习惯，比如，有一次当他看到七八岁的我指责别人说脏话的时候，告诉我："其实有的时候有些话'话糙理不糙'……其实不说脏话的人不一定不'脏'；偶尔说点脏话有助于心理健康。"这其中的道理我当时并不能马上明白，等稍大一些了，才明白父亲对我的教育是多么真实又健康。

这些纠正中，令我印象最为深刻的，是父亲禁止我在任何情况下说类似以下的句式：……本来（原本）就是嘛！

现在想来，真的要感激父亲，他在几个星期的时间里，用最简单和"粗暴"的方法，使我一生永不再用这样的句式。因为，这句话在生活中只有一个用处——找（最后的）借口。

语言是思维的表达手段之一。一般情况下，我们总是先有思考，才会用语言表达。但很多时候，这种顺序会被打乱，我们的思维会因为我们所使用的语言而受到各种各样的影响。恰当而又正确地使用语言，可以帮助修复思维漏洞。一旦明白了个中的道理之后，你就会发现这是个廉价（免费）而又有效的辅助工具。

以下的一些句式，最好经常使用，因为这些句式特别有助于独立思考习惯的养成，并且也有刺激思考的作用：

……是一回事儿，而……是另外一回事儿。

……和……其实根本不是一回事儿。

……不一定……

……可是，这并不意味着说……

……可能还有另外一种可能性（解释）。

……看起来像……可是……

……而事实却可能远比看起来的更为复杂（简单）。

……然而，（这个论断）反过来（陈述）却不一定成立……

……其实很可能与……根本就没有任何关系。

……之间不一定是单纯的因果关系，它们也可能互为因果。

……之间的比较也许没有任何意义。

……其实不过是表面现象，其背后的本质是……

……有个通常被忽略的前提。

……尽管听起来很有道理，然而却完全不现实。

……也许有人会说……但是这种质疑却……

这些句式看起来很简单，却往往能带来不同凡响的思考结果。

平时遇到任何问题，都不妨把这些句式套进去填空——就当作一种脑洞游戏，没多久你们就能体会到这种游戏的有趣之处。不出意外的话，同学们会发现自己不由自主因为这些句式的运用，思维方式上发生了巨大转变。例如，"……和……其实根本不是一回事儿"这个句式往往瞬间就能使一个人脑子更加清楚。

我们再看一个最浪费时间、必须回避的句型："要是……就好了！"这个句型是用来表达后悔情绪的，而后悔是最浪费时间的——无论如何，这个情绪都于事无补。当同学们在生活和学习中遇到了问题的时候，脑子里会不由自主地冒出这样的句子：

> 我要是孙悟空就好了！
> 我要是早点复习就好了！
> 我要是早点写作业就好了！
> 要是当时听清楚老师讲了什么就好了！
> 要是我能在国外读书就好了！

之所以一遇到问题就会冒出这样的念头，是因为大多数人早就明白一个简单的道理：我们所面临的今天取决于我们过去的作为。可是，时间的属性已经决定了，过去的事已经无法更改，后悔无济于事。

另外一个原因是无法接受自身的现实局限。每个人来

到这个世界上的时候，都不是完美无缺的，并且，无论怎么努力，也注定不会有完美的人生。（当然，我们还是需要努力，因为努力可以使我们相对完美或者更完美或者接近完美。）所以，个子矮的人希望自己再高一些，丑陋的男人希望自己能变帅一些，难看的女人希望自己能变漂亮一些，老去了的人希望自己起码显得年轻一些，肥胖的人希望自己变得瘦一些，骨瘦如柴的人希望自己变得更健壮一些……过去的事情是无法更改的，现在的烦恼是无济于事的。所以，只要你是个旁观者，就会无比容易地看出这些想法多么不现实。把这些不现实的句子转换成现实的版本，就是这样的：

我要是孙悟空就好了！——可是你不是孙悟空。所以，你没有72根毫毛变出72个你帮你考试；你也没有金箍棒，所以，你不能招惹面前的这个大块头。

我要是早点复习就好了！——你就是没有复习呀！该复习的时候你踢球去了。

我要是早点写作业就好了！——你已经快要写不完了，现想也没有时间了。

要是当时听清楚老师讲了什么就好了！——当时你就是没听清楚，并且你要是一直想这些没用的，下一次你还是听不清楚。

要是我能在国外读书就好了！——可是你还在中国，所以，在美国学校读书的那些好事和你没关系。

过去的事情是无法更改的，现在的烦恼是无济于事的。但是，将来的尴尬也许是可以避免的——如果现在的行动没有出错的话。换句话讲，为了避免将来的尴尬，必须在今天采取正确的行动。所以：

从现在起好好学习，把知识学到手了，什么考试都难不倒你。另外，如果你碰到了一个比你强又比你坏的人找你麻烦，不要硬碰硬，趁早离他远一点。

每天给自己一段时间，该预习的预习，该复习的复习，多花时间做正确的事。

从现在起按时写作业，写完了再好好去玩！

我讲过倾听的技巧，如果你觉得你听课没效率，不如再好好读那一章，学会用正确的方法去读。

先好好在国内念书，要做留学的准备，还有许多事需要做，努力吧！

所以，当脑子里闪出类似"要是……就好了！"的念

头的时候，要马上提醒自己："停！这个念头最耽误事儿了！"或"停！这个念头最没用了！"已经浪费了那么多时间，现在就不要再浪费时间了。

3.学习倾听，沟通其实很容易

　　阿那克西米尼是古希腊著名的哲学家，到了晚年，他仍坚持给学生们上课，拥有极高的声望。一天，这位两鬓花白的老者蹒跚着走进课堂，站在讲台上，他挥了挥手里的一摞纸，对学生们说："今天这堂课，你们不用记笔记，凡是认真听讲的人，课后我会给你们每一个发一份笔记。你们一定要认真听讲，这堂课很有价值！"

　　学生们听到这番话，立刻放下手中的笔，专心听讲。但没过多久，就有些学生想着反正有笔记，不必浪费时间去听讲，就开起了小差。

　　讲课结束后，阿那克西米尼将那摞纸一一发给每

161

位学生。领到纸张后，学生们都惊叫起来："怎么是几张白纸呀！"阿那克西米尼笑着说："是的，我的确说过要发笔记，但我还说过请大家一定要认真听讲。如果你们刚才认真听讲了，将听到的内容全部写在纸上，这不就等于我送给你们笔记了吗。至于那些没有认真听讲的人，我并没有答应要送他们笔记，所以只能送白纸！"

学生们无言以对。最后，只有一位学生几乎一字不落地写下了全部内容，他就是阿那克西米尼最得意的学生，日后成为古希腊著名哲学家的毕达哥拉斯。阿那克西米尼满意地把毕达哥拉斯的笔记贴在墙上，大声说："现在，大家明白这堂课的价值了吗？"

阿那克西米尼一贯主张人生最大的财富是倾听。只有乐于并善于倾听的人，才可能成为知识的富翁；而那些不愿意倾听的人，其实是在拒绝接受财富，终将沦为知识的穷人。

但是为什么同在一个教室听课，只有一个人能写下全部内容呢？排除掉那些显而易见的原因，极少有人意识到，每个学生倾听的能力是不一样的，而且没有人认为自己不会听。

这是一个很有趣的现象，所有的人都在强调"认真听讲非常重要，一定要认真听讲"，但人们在实际的学习中，只会训练说的能力和阅读的能力。在长达十几年的正规教育体系中，也从来没有开设过一门母语"听力"课程。

事实上，人们并没有真正意识到，在沟通与交流中，听比说更加重要。反过来说，失败的交流往往源于听者的疏忽。大多数同学成绩无法提高，问题可能就出在"不会听"上。所以，让我们来一起研究一下"倾听"的秘密。

一般来说，人们讲话的速度远远低于思考的速度，也就是说，我们在听一个人讲话的时候，大脑是可以很悠闲的。老师在讲课时，一秒钟只能讲三四个字，而你的大脑一秒钟却可以处理多得多的信息，所以在听课的过程中，同学们很容易走神。刚开始走神的时候，时间不会太久，也许只有几分之一秒，大脑神游归来之时，似乎也没有错过什么重要的信息。于是，尝到了甜头的大脑，就开始自由自在地神游了……周而复始下去，重要的信息就被错过了。

老师的讲课往往是由浅入深的，重要的结论多半放在后面，所以讲解内容越到后面会越重要。可是讲台下的学生们，能够始终保持高度专注力的很少。大部分同学接收的信息会越来越零散。但我们的大脑有一种"模式拼接"能力：在处理零散信息的时候，会将它们按照自己的方式

拼接起来。

生活中会经常发生这种情况：甲向乙提起"你当初不是说……"的时候，乙大惊失色地喊道"天哪，我什么时候说过……"为什么会发生这种情况？甲在交谈中走神了，他把听到的片段下意识地拼接起来，误会自然而然就发生了。

在倾听的时候，除了不能神游，还有些什么事影响我们的倾听效果呢？不要插话！

在课堂上，打断老师的讲授，大胆提出质疑，这样的学生貌似在人群中显得很亮眼，但这种做法是很不明智的。有质疑精神是可贵的，但是，在倾听的过程中随性地发出质疑，是最妨碍有效倾听的行为。尤其是当老师要展示一个复杂的说理过程，各种细节还没有完全铺开，你就过早地提出质疑，会分散你自己的注意力，使你不能完整地倾听讲课内容。其次，你打断了老师的讲述，给老师的授课也设置了障碍。

别人话还没说完，你就迫不及待地打断别人，说："我知道了，你是不是要说这个这个……"这是一种非常不成熟的行为。耐心地听人把话说完，在最后提出自己的疑问，这个小小的习惯能在很多方面帮到你。

如果你是个急性子，有打断别人说话的习惯，你可以试一下我的小方法。每当你想打断别人的时候，咬着嘴巴忍住不说话，坚持一两次，你就会有很大进步。

相对于阅读，倾听中的记忆难度要高出许多，因为在阅读过程中可以随时返回重读。而倾听的时候，你没有办法暂停回放，常常是听到后面，忘了前面。这个时候，你需要的是——记笔记！老师们总是反复强调：听课要记笔记。很多同学对这个建议置若罔闻。这恰恰是学会倾听的一个重要技巧。

最后，还要学会一个重要的习惯：一旦决定倾听，就要主动帮助讲者进入倾诉状态。在课堂上，专注地看着老师，认真地与老师互动，会让老师更容易进入倾诉状态。

4. 善于积累，灵感多到让你惊喜

前些年我还在讲作文课的时候，总有学生向我抱怨："老师，我找不到例子，怎么办？"遇到这种情况，我总是耐心地告诉学生："例子这东西跟钱一样，是攒出来的，不是想出来的。"还有学生问："老师，我怎么找不到像你上课时举的那样精彩的例子呢？"我当时的回答是："继续找，凡事都不过是靠积累。"

今天想来，这样的回答未免过分简单了，但这个认识我是在讲了好几年作文课之后才得到的。记得那天，我在讲一道美国研究生入学考试作文课时，提到了这样一句话："我们的社会倾向于遗忘那些重要的人物。"然后，我向同学们提问："有没有人可以举出 3 个这样的人物呢？"课堂里有几百人，只有几个学生犹豫了一下，举起了手，又放下了手。

回答这个问题确实非常困难，就算是在互联网上搜索，也很难想出关键词。随后，我就一口气举出了好几个这样的例子。结果大多数同学反映，从来没有听过这些人的名字。

当即就有同学向我发问："老师，那你是怎么知道的呢？"我回答说："原本我也不知道，但是，我在很久之前把那句'我们的社会倾向于遗忘那些重要的人物'记在了我的笔记本上。所以从此之后，但凡我读到了类似人物的文章时，我就会想起那句话，然后赶快把那个人的名字记在这句话的旁边，时间久了，我的例子就越来越多了。"

我记得小时候读那些博学之人的书时，常常深感自卑，同时又非常纳闷："他们为什么什么都知道呢？"几年后，我才终于明白，这些博学之人不见得是在"什么都知道"之后才将其写出来，他们很可能是为了"写点什么"才去搜索、积累。所以，素材的积累固然重要，但是如果提前确定一个方向或者目标，你就会产生"对特定信息的注意力"，并且因此积累到大量的让人惊喜的好素材。

作家李敖曾说过："作家不应该靠灵感来写作。"我对这句话深表赞同。我觉得世界上没有"突然闪现的灵感"，就算存在也不会是平白无故出现的，它肯定是有来历的。

李敖就曾在一个节目中谈到过他的读书写作方法：

> 我李敖看的书很少会忘掉，什么原因呢？方法好。什么方法？心狠手辣。剪刀美工刀全部用到，把书给"分尸"掉了，就是切开了。这一页我需要，这一段我需要，我把它按类别分开来。……任何书里有关的内容，都进入我的资料里。当我要写小说的时候，需要这个资料，打开资料，我只是写一下就好了。换句话说，我不凭记忆力来记它，我凭用细部的很有耐心的功夫把它勾紧，放在资料夹子里。我只要记这些标题就好了。
>
> 我告诉大家，记忆力是可以训练的。记忆力一开始就是你不要偷懒，不要躺在那里看书，看完了这本书还是干干净净的、整整齐齐的，这不对。看完了这本书，书被大卸八块，进了资料夹，才算看完这本书。

有了这样精巧的勤奋，李敖那火花乱溅的"灵感"从何而来，就清清楚楚了。所以大家不要再抱怨写不出好文章，找不到好例子，请相信我，不是你写不好作文，你只是没有找到正确的方法。

5.勤于反思，经验越多越有发言权

　　有一次，我和朋友到一个餐厅吃饭，酒足饭饱之后，闲逛出来，站在路边打车。那条街上车不多，等了好一会儿，马路对面右手边过来一辆车，我们招手示意司机掉头过来。那位出租车司机看到后掉头过来。随着那辆出租车U形行驶的路线，我看到我左手边后面站着的母子两人也在向那辆出租车招手。而那辆车转过弯来之后，停在了我们前面。我的朋友根本没看到后面的母子，直接打开车门坐了进去，我只好也跟着上了车。在我的朋友坐上车的时候，我听到那个孩子说："咦？他们怎么抢我们的车？"等我跨上车那一瞬间，听到那母亲对孩子说："他们有病！"

这样的经历告诉我们，每个人都可能出现"只看到部分事实"的情况。比如：老师开门进教室的一瞬间，一块黑板擦唰地从眼前飞过，掉到讲台的桌子上。有一位同学吐了吐舌头坐了下来。老师质问他为什么要在教室里捣乱。这位同学说不出的委屈。因为是另一位同学捣乱把板擦乱扔，他只是偷了一个小懒没有走过去放好，而是扔到了讲台上。

我们不可能什么都知道，每个人都有来自各个方向的局限。所以当同学们与父母师长发生争执的时候，经常会听到这样一句话："我们是过来人，我们不希望你吃亏，你不要固执。"而我们通常会用这句话来回答："你们为什么不能理解我？！"

如果争执双方都固执己见，那么这样的争论将无休无止。只有深刻认识到自己的局限性，并时时刻刻保持警惕，我们才能逃出这种令人烦恼的局面。

一般来说，每个人都会无比珍爱自己"总结归纳"而来的经验，所以许多人常常是"手里只有一把锤子，看什么问题都像钉子"。经验需要归纳，更需要经过演绎来反复论证。每次当我们运用经验来判断一件事情的时候，都要万分小心。盲人摸象的故事天天在发生。

那么如何拥有更多的经验呢？

一、做记录是一个很好的习惯

冒险家们在航海的时候，不仅详细书写航海日志，并且会将日志公开共享，这是他们避免未来之危险的最重要手段。我在 26 岁之后才真正养成记录的好习惯。并且在随后的十多年里，我越来越体会到保持记录的重要性。原本以为，如果能够坚持记录，自己就再也不会犯同样的错误，可是最终发现有些错误即便记录，也不可能完全避免，但毫无疑问的是，因保持记录肯定回避了很多次。

二、观察与阅读是扩充有限的自我经验的最好手段

每个人每时每刻都有观察的机会，但如果没有抱着学习的态度，很可能会失去积累、成长的可能。读书很多的时候不见得一定要有目的，很多时候有用的知识是偶然获得的。时间久了就会发现，偶得的知识也很重要，不要片面地理解"人生应该有目标"，而失去了这些机会。

三、经常尝试使用类比跨越未知与已知的障碍

类比是学习知识的一种非常重要的手段。小学老师经

常会打一个比方：其实地球的构造跟煮熟的鸡蛋差不多。这就是在用类比的方式让学生从已知（煮熟的鸡蛋）跨越到未知（地球的构造）；中学老师也常说，"原子内部的构造其实与太阳系的构造差不多"，学生们因此能够瞬间理解。

所以，我经常鼓励我的学生们，只要有时间就要看杂书，越杂越好，多多益善。为什么呢？因为读杂书会大大提高一个人接受新事物的能力。阅历丰富、博览群书的人，通常都拥有更强的理解能力，因为他们在遇到未知事物的时候，更能迅速地在已有的知识中找到可以用来类比的信息。

四、耐心等待不能跨越时间的经验

遇到不解的问题，遇到不确定的想法，最好马上记录下来。不一定非要急着获得答案——因为很多的时候，马上获得解答是不可能的。

上文提到过，"很多时候，不仅归纳经验需要很长时间，通过演绎论证归纳出来的经验可能需要更长的时间"。所以，一定要保持足够的耐心。要知道，有些阶段无法跨越。并且，不等也得等，时间才不管你究竟是谁。

小测试 你是一个好的倾听者吗?

下面有 15 个题目，请根据你的实际情况填写"是"或"否"。

1. 我常常试图同时听几个人的交谈。

2. 我喜欢别人只给我提供事实，让我自己做出解释。

3. 我有时假装自己在认真听别人说话。

4. 我认为自己是非言语沟通方面的好手。

5. 我常常在别人说话之前就知道他要说什么。

6. 如果我对和别人交谈不感兴趣，我常常通过注意力不集中的方式结束谈话。

7. 我常常用点头、皱眉等方式让说话人了解我对他所说内容的感受。

8. 常常别人刚说完，我就紧接着谈自己的看法。

9. 别人说话的同时，我评价他的内容。

10. 别人说话的同时，我也常常在思考接下来我要说的内容。

11. 说话人的谈话风格常常影响到我对内容的倾听。

12. 为了弄清对方所说的内容，我常常采取提问方法，而不是进行猜测。

13. 为了了解对方的观点，我会狠下功夫。

14. 我常常听到自己希望听到的内容，而不是别人表达的内容。

15. 当我和别人意见不一致时，大多数人认为我理解了他们的观点和想法。

计分与评分：

每道题的正确答案是：1.否 2.否 3.否 4.是 5.否 6.否 7.否 8.否 9.否 10.否 11.否 12.是 13.是 14.否 15. 是

为了确定你的得分，把错误答案的个数加起来，乘以7，再用105减去它，就是你的最后得分。

如果你的得分在91—105分之间，那么你有着良好的倾听习惯；77—90分的得分表明有很大的进步空间；要是你的得分还不到76分，那么你是一个急需改进的倾听者，需要下更大的功夫来改进了。

第八章

成功是用正确的方法做正确的事情

计划成功的前提：目标现实可行。

错误估算任务所需的时间，

是最常见也是最致命的错误。

任何动作演练到一定的次数，就能准确完成。

找一个能带来改变的行动，然后去做就是了。

1. 三思而行：提高效率的 三个秘笈

所谓"三思而行"，在我看来就是指——在做任何事情之前都要想三件事：该做什么？为什么要做？如何去做？想不清楚内容就会目标不清，不知为什么要做就会决心不够，不知如何去做就会无法完成，三方面内容缺一不可。想清楚这三件事情，你离完成任务就更进了一步。

在这一节里，我想和大家讲一讲"如何去做"。

每个年轻人可能都有过发财梦，为什么几十年过后发财的总是少数？道理可能很简单，大家都知道自己想要什么，也知道为什么需要，但确实不知道该如何做。同样的道理，当我们面对某一项学习任务，"内容"与"原因"都已经确定，需要好好思考的就只剩下"如何去做"了。

首先，从"内容"入手，将学习任务仔细拆解为一个个小任务，越小越具体越好，直至每个小任务都可以独立完成。拿大家背英语单词作为例子：某位同学正在准备托福考试，首要任务是扩充词汇量，那么该去背哪些单词呢？书店里有那么多词汇书，他应该选择哪一本？正确的答案是：视情况而定。如果目前基础词汇量还相对不完整，那么，他应该先扩充基础词汇量。现在假设他选择了我写的那本《TOEFL核心词汇21天突破》，那么他所面对之任务的"内容"就比较具体了。但是，还可以再具体一点：

扩充词汇量——托福词汇——托福核心词汇——21个单元——每个单元100个单词——1个单元分两次完成……

细分拆解任务这一步非常重要，拆解得越细小，可行性就越强，就越容易完成任务。拆解完成后，我们开始思考"方法"。很多同学觉得这一步可以省略，正好相反，这一步至关重要，省略了这一步，很容易半途而废。

假设这位同学根据自己的情况，已经决定将"一个单元分两次完成"，总计分为42个阶段。那么，他应该具体如何操作呢？

1. 先尝试着做一两个阶段，测试一下完成一个阶段需要多长时间。

2. 按照测试的结果，制作一个时间表。把其余阶段所需要的时间标记出来。

注意：这个时间表总是需要视情况做一些调整的。

3. 背单词需要重复，所以，每3个阶段过后，要留出一个阶段的时间去复习。这就要花费总共56个阶段的时间。

4. 每完成总任务的三分之一，就增加与完成一个阶段相等的复习时间。这就一共需要花费59个阶段的时间。

5. 学习过程中可能需要多次快速重复记忆，每次可能相当于完成3—5个阶段所需要的时间，由于熟悉程度不断增加，每次循环需要的时间会越来越短，所以，预计进行3次重复记忆需要相当于完成10个阶段的时间。这就意味着一共需要花费完成69个阶段的时间。

做出以上规划后，还要认真思考完成每个阶段的具体步骤。当然，越具体越好——

1.每天早晨腾出一点时间。

2.把前一天背过的单词朗读至少2遍。

3.听录音跟读今天要背的单词3—5遍，主要关注发音、拼写，顺带看看释义，能记多少就记多少，不求速成。

4.上午利用闲暇时间通读词汇列表，并反复阅读例句。

5.下午有专门的时间，集中背2—3遍。可以一边读、一边抄、一边背，不能只是坐在那里呆呆地盯着词汇看。

6.白天有空的时候反复听当天要背的单词，重复次数越多越好。

7.晚上睡觉前复习当天背的单词。

有了这样清晰的步骤，随后的学习就会变得非常容易了。据我所知，许多成功的管理者都会花费大量的时间去制订详细的步骤。同学们也要试着像一个项目管理者那样思考，更多地关注"方法"。反复拆解任务，确定每一个子任务的完成方式，这是同学们不可或缺的功课。这样的习惯，会使人变得踏实。请同学们从现在起就开始练习，使之成为自己的一种思维习惯。

2.制订计划：从短到长，马上去做就对了

套用莎士比亚的一句话"生存还是毁灭，这是个问题"，很多时候，我们面临的抉择就是"计划还是率性，这是个问题"。在大多数情况下，计划总是必要的。在与计划相关的格言中，我最喜欢的是："我们不是计划着失败，而是失败地计划。"

计划成功的前提：目标现实可行

新华字典对"成功"一词的解释是：达成预期目标。我认为这个定义既简洁又清楚。有了目标，就可以倒推每一个实施步骤，自然就有了计划。所有成功执行了的计划，

都是因为——目标是可行的。

有一句话曾令我印象深刻：失败只有一种，就是半途而废。但是，仔细想想，难道坚持到底就一定能成功吗？如果一个人的目标是炼制一颗长生不老丹，无论他怎么坚持不懈，可能都不会成功，因为这样的目标并不现实。当然，还有另外一种情况，通过长期的努力可以成功的目标。但是，对于寿命有限的人类来说，依然是不现实的。比如，人类一直梦想可以像鸟儿一样在空中翱翔，历史上曾有无数的人尝试过各种飞行，其中很多人摔死了，活下来的也基本上都郁郁而终。人类最终用了几百年才实现这个梦想。

曾经有一位学生来找我，让我帮他分析一下，他半年内出国留学的可能性。我仔细地了解了他的现状、目标等情况之后，告诉他："只用半年时间是不可能的。你的情况，至少还需要两年时间。"我看到他惊讶的表情，对我的话半信半疑，我只好接着说："我看，你还是别浪费时间了，去做些实际的事情吧。"

我是个非常乐于鼓励学生的老师，这一次却一反常态，泼了满满一盆冷水。这位同学露出失望的表情，不甘心地说："没有什么事情是不可能的！几百年前人们都不相信人可以飞上天，到现在不都已经证明他们是愚蠢的了吗？"我只好苦笑："你能活多少年？你刚刚不还跟我说，你只有 6 个月时间么？我让你用两年时间，你却又说不可能……"那位同学突然发作，几乎是对我咆哮起来："我看你根本不配做老师，一点忙都帮不上，没用！"我想，我应该闭嘴了。

我知道那位同学的愤怒并非针对我，只是那一瞬间，他被现实打击到了失控的地步。在现实生活中，有很多这种拒绝接受现实的例子，其实，判断一个目标是否现实可行，方法非常简单：第一，已经有人做到了；第二，我与那人没有太大的差距。

对这两个简单的衡量标准，也需要做一些说明。"已经有人做到了"，并不代表我也能做到。他用多长时间做到的？他通过什么方式做到的？我和他的区别究竟在什么地方？哪些是我确实无法超越的？我的相对优势在哪里？我能不能弥补我的相对缺陷？也许还要问更多的问题，才能够确定这个目标是否可行。

事情往往并不如想象中那么简单。很多时候，往往只有开始行动了，才能做出正确的判断。在行动过程中，发现既定的目标确实是不现实的、不可行的，那么，半途而废不仅不意味着失败，反而意味着决策者的无比理智。

长期计划是需要通过实践才能习得的能力

有一次，我在某高校开讲座，说起我的职业跨度实在太大：上大学学会计，毕业之后做销售，多年以后竟然跑到新东方教英语，现在做一个自由职业者……我不知道我将来会做什么，我想多半还会做一些让自己都吃惊不已的事情。

很小的时候，我就知道有一些人竟然可以制订长达几十年甚至一生的计划，而后一丝不苟地执行下去——当年读《基督山伯爵》的时候，我就觉得故事中的人物太牛了。后来看斯蒂芬·金的小说改编的电影《肖申克的救赎》，再次觉得这样的牛人必然存在于世，不过，反正不是我。

在相当长一段时间里，我总觉得我自己没办法不随波逐流。上大学的时候流行读双学位，于是我也跑到吉林大学读了"国际经济与关系"专业的第二学位……可从毕业到今天，别说这个第二学位的证书，就是原专业的本科毕业证书也都没有用到过。那个时候，还流行大四学生考驾照，当然，我也想办法弄了些钱跑去学了一个，让班里的同学很是羡慕。可毕业之后，虽然赚到了足够的钱，但我总是在几个城市之间穿梭，根本没有买车的必要；后来终于安定了，发现还是打车更有效率，于是至今没有用过那本驾照。

　　人们常说，计划没有变化快。这话听上去没错，但是还没说到点子上，计划之所以总是被变化打乱，深层次原因在于：计划太长远了。事实上，无论变化多快，都应该制订计划。只不过，制订计划的时候，应该考虑到变化，并且要分析自身的情况，看看自己适合制订多久的计划。

　　以我为例，我曾尝试制订年度计划，结果发现自己根本没有能力完成。于是，我一口气把计划缩短到一个星期。发现一个星期的计划我很容易坚持下来，并且可以出色完成，这令我非常开心。而随着时间的推移，我发现自己竟然可以慢慢把期限延长，两个星期、一个月，甚至可以制订一个季度的计划了。

　　直到近 30 岁的时候，我才小心翼翼地开始制订年计划。直到今天，我也依然用一年作为计划制订的最长期限。2000 年，我用了半年时间准备各种考试，而后跑到新东方应聘。几经周折终于开始在新东方讲课；我用了一年的时间成为国外部评价最好的老师；几年后，我又用了一年的时间准备离开新东方——计划创业。后来，我发现一年时间根本不够，于是又用了一年时间认真寻找方向……

　　在目标现实可行、方向确定的情况下，辅以计划才能成功。一般来讲，期限越短，内容越清晰，目标就越容易实现。长期目标、人生理想固然要有，但人生理想

这东西往往太遥远，以致我们总是看不清楚。不过，"千里之行，始于足下"，我们要做的事情只是一步一步地向前走，把每一步都走好走踏实。至于"千里"之外的终点，既然连看都看不清，就不用花时间去想了，因为想了也没用。

在这里，我只是朴素地用自己的经验得出结论：生活本身充满了意外。这并非仅是我个人的观点，斯坦福大学的约翰·克拉姆博兹在他的《运气并非偶然》一书里说：我的一生以及整个事业都在被不可预期的事件影响着。他在调查中发现，在 35 岁的时候仍然在做自己 18 岁的时候最想做的事情的人，在整个样本中占的比例非常小。

由此可知，不是每个人都有制作长期计划的能力，而这种能力是非常重要的能力之一，然而，它需要挣扎、需要努力、需要从一点一滴做起。不要一开始就做长计划，哪怕制订一个星期的计划，都并不容易，请同学们试一试。

如果你对你的将来充满困惑，相信我，你并不孤独。充满困惑并不意味着你就束手无策。雾里看花，谁都看不清楚，但我相信，只要不停地往前走，早晚可以走到一个鲜花盛开的地方，在那里，无论雾有多大，我们总是可以看到那些"花"，因为距离已经足够近了。

有时候没必要做计划

相信同学们已经意识到计划的重要性。许多关于学习方法、时间管理的书籍都会详细地介绍制订计划、执行计划的基本步骤和技巧。可问题是，每当你雄心万丈地制订了一个万无一失的计划，为什么最终还是不了了之了呢？其中原因很多，一个特别重要的原因是：计划固然重要，行动更为重要。

如果想做事，你当然要行动。行动是改变自己的众多方法中最直接、最有效的方法。很多的时候，只要你开始行动，哪怕事先并无计划，也往往会有收获。但是反过来，缺乏行动的计划肯定是没有任何意义的。

大多数计划其实非常简单。比如，你要锻炼身体，那么计划只要一句话就够了：每天早上锻炼身体半小时。没必要再想应该坚持多久，因为答案非常简单：一辈子；或者能坚持多久就坚持多久。有的时候，计划可能稍微复杂一些。比如你想减肥，那么除了每天做慢跑之类的有氧运动之外，可能还有一些其他的要求。比如：不要吃油炸食品（可是所有的油炸食品都很香！）；少食多餐（可是，饿的感觉很不爽！）；用水果蔬菜替代主食（可是我想吃肉！）；按时睡觉（可是今天凌晨有关键球赛实况转播）……

两个月过去之后，你会发现你自己因为迷恋睡懒觉而没怎么去跑步，瞒着教练偷吃了不少油炸食品，由于饮食不规律所以总是有一些时候吃到差点撑死为止，朋友请客哪能扫兴，所以去过好多次烤肉店，不仅看了奥斯卡颁奖仪式的转播还看了很多的美剧，同时因此不得不熬夜把该做的事儿做完——当然，第二天因此是一定要睡懒觉的！

看到了吧？无论计划简单还是复杂，缺乏切实的行动就注定会失败。我个人的经验是，有些时候故意不做计划反倒是有益的。几年前我开始去健身房，就没有制订任何目标和计划。因为，锻炼总比不锻炼好，健康最重要。于是，我只做了一件事儿——坚持。中间也有过几次短期的中断，那是因为实在抽不出时间和精力了，但是，一旦闲下来，我又开始定期去健身房。其间也有不愿意去的时候，但是，我知道那只不过是我的大脑的想法，而不应该是我的想法——只要意识到这个，就不存在什么挣扎，直接从家里出发，往健身房去就是了。

几年后的今天，我觉得我有必要制订一个比较专业的健身计划。当我拿出纸笔，不停地罗列具体细节的时候，我意识到一个重要的事实：其实，几年前我刚开始健身的时候，根本没有制订健身计划的能力！那个时候，我不可能知道自己的哪一些肌肉群相对强大，所以只需要正常练习就好了；也不知道哪一些肌肉群是我的弱点，但是现在却必须有意识地加强了。而现在我已经具备了这种能力。

综上所述，没必要做计划的原因主要有两个：第一，任务其实非常简单；第二，还没有能力制订合理有效的计划。做任何事情，可能都要经历一个摸索的过程，连大概的了解都还没有的时候，制订出来的计划多半只是空谈。

所以，大多数情况下，我的建议是：如果你想改变自己，或者你对目前的学习状况不太满意，那就一切从简——找一个能带来改变的行动，然后去做就是了。不要怕失败，那是必须经历的一个过程。永远记住，马上行动是最重要的。

3. 预估时间：完成任务时总会有意外

同学们在学习英语的过程中，可能都遇到过这样的问题——为什么我总是看不懂文章？

为了能读懂文章，我们会先从词汇量入手，可很多同学啃着啃着就放弃了。而坚持下来的同学会痛苦地发现，即便每个单词好像都认识，但是放到一起成了句子还是看不懂。这才明白，原来"不学语法也能学好英语"纯粹是瞎说，于是又开始狂啃语法书，又有很多人啃着啃着就放弃了……坚持下来的同学再次痛苦地发现，词汇量补过了，语法补过了，可是文章依然看不懂，才发现自己的逻辑训练不足，文字搞懂了，内容却理解反了，只好一边练逻辑一边啃阅读，又有很多人啃着啃着就放弃了……少数人又坚持下来了。再过一段时间，他们发现自己单词没问题，语法没问题，逻辑没问题，可还是看不懂文章。最终才想明白，这是各种知识积累欠缺造成的，这些知识包括学科背景、文化背景、历史背景等。于是他们又要准备踏上"新的"征程……

读到这里，有同学就提出疑问了：既然一开始学习就会遇到各种新的问题，那我们该如何在任务开始之前做时间预估呢？这个问题问得极好。事实上，错误估算任务所需的时间，是最常见也是最致命的错误。正如上面提到的，很多同学一旦发现在预估的时间内无法完成任务，就会立即气馁放弃。在这里，有一个侯世达法则，同学们必须了解：

完成一个任务实际花费的时间总会超过计划花费的时间，就算制订计划的时候考虑到本法则，也不能避免这种情况的发生。

为什么同学们总是错误估计完成任务的时间呢？因为大多数同学忽略了一件事——这项内容是熟悉的还是陌生的？

有些内容是你以前做过的，所以，你清楚地了解如何将其拆解，每一个步骤需要耗费多长时间，你知道哪些环

节需要格外小心。在这样的情况下，正确估算任务完成时间是很容易的。

如果任务是陌生的，在执行的过程中必然遭遇各种意外，这些"意外"是大家都会遭遇的事情。只有在"陌生"变成"熟悉"之后，才有可能顺利解决这些"意外"。在学习知识的时候，大多数任务都是陌生的。因为学习本身就是探索未知的过程。

多年前，我在网上读到彼得·诺维格的一篇文章《十年学会程序设计》。在这篇文章中，诺维格表示，人们购买那种名字类似"7天自学Java语言"的书是无知的表现，他认为，用10年时间学习程序设计才真正现实，也非常值得。

他写道——

约翰·海斯和本杰明·布鲁姆的研究表明，在几乎所有领域，培养专业技能大约需要10年。他们研究的领域包括国际象棋、作曲、绘画、钢琴、游泳、网球以及神经心理学、数学拓扑学。似乎没有真正的捷径——即使是在4岁时就展露音乐天赋的莫扎特，也仍然用了超过13年的时间才谱写出世界级的乐曲。

再看看另一个领域的例子。披头士乐队似乎是于

1964 年在爱德·沙利文秀登台后突然火爆起来并成为第一乐队的，但他们其实从 1957 年就开始在利物浦、汉堡等地的小型俱乐部表演了。虽然他们很早就表现出了强大的吸引力，但对他们的成功具有决定意义的作品《佩珀中士》也是 1967 年才发行的。

塞缪尔·约翰逊甚至认为 10 年还不够，他说："任何领域的卓越成就都必须用一生的努力才能取得；代价稍微低一点都无法换来。"杰弗里·乔叟则感叹："生命如此短暂，学习技艺需要的时间却如此绵长。"

在彼得·诺维格发表这篇文章的数年后，2008 年 11 月，马尔科姆·格莱德威尔出版了《异类》一书。在这本书中格莱德威尔把"10 年"换算成了更为精确的"10 000 小时"——想要出类拔萃，就要努力至少 10 000 小时。

要想提高估算时间的能力，就要从现在开始养成习惯：做任何事情之前先判断其熟悉程度（或陌生程度），再据此判断估算完成任务所需要的时间。通常情况下，"反而比一般人想得长多了"倒是一个不错的假设。

4. 优化步骤：一心也可以二用

在初中的物理课上，我们知道电路有两种连接方式：串联和并联。此外，我们还背过一些规律：串联分压、并联分流。我接下来要讲的方法，就是从这条定律中得来的灵感。当我们面临要完成两个任务的时候，同学们有没有想过：这两个任务之间究竟应该是串行关系呢，还是并行关系？这是一个非常重要的问题，因为在一般的情况下，"提高效率"指的就是"将串行完成的两个任务并行完成"。

俗话说：一心不可二用，从某种意义上理解，这句话是对的。但是据我观察，人们很难长时间地只做一件事。一些早期的计算机操作系统，如微软的 DOS，是单任务操作系统；为了提高效率，程序员们写出了多任务操作系统，比如 Windows。从发展的角度看，为了提高效率，我们也有必要给自己的大脑打造一个"多任务操作系统"。

　　为了更合理高效地完成学习任务，一心二用也不是不可以，但是方法很重要。可以尝试着把两种任务搭配起来一起做，最直接的办法是尽量并行两个任务。首先，我们需要养成一个习惯——把自己要做的事情用纸笔写出来。把任务落到纸上，就能比较容易地分辨出任务的属性，哪些任务是简单而又机械的，哪些任务是相对复杂而又有灵活性的。一般来说，不需要思考的就是机械的。比如，在跑步的时候听英语，走路时听音乐，在上学等公交车的时候看书，在公交车上清理思路……

　　但有些任务是只能串行的，例如："洗手"和"吃饭"就是串行的关系，一定是先洗手后吃饭，这是由于顺序而确定的串行任务。所以，并行两个任务还有一个重要前提：你对两个任务都足够了解，且对自己有足够清楚的认识。

　　当一项学习任务比较繁重，需要划分为多个子任务时，对这些子任务之间的关系需要仔细甄别。甄别后，可能会因此产生许多种行动方案。针对这些方案，你可以试着用我讲的方法，合理地并行起来，从而找到最佳的方案。著名的数学家华罗庚先生曾经用烧水泡茶为例，说明过这个问题。

办法 A：先洗开水壶，灌上凉水，放在火上，在等待水开的时候洗茶壶、茶杯，拿茶叶。等水开了，泡茶喝。

办法 B：先做好一些准备工作，洗净开水壶，洗茶杯，拿茶叶，一切就绪，灌水烧水，坐待水开了泡茶喝。

办法 C：洗净开水壶，灌上凉水，放在火上。等水开后，再找茶叶，洗壶杯，泡茶喝。

哪一种方案更节省时间呢？

谁都能看出第一种办法好。原因很简单，因为有些任务被并行处理掉了。大家一定注意到，烧水泡茶这个大任务，被分解成了很多细小的任务，这就是"优化"的一个非常重要的前提——"大任务被划分成足够多的小任务"，有了这个前提，才能更准确地分辨哪些任务可以并行——"优化"就是这么简单。

如果不做划分，那么就只有一个任务——喝茶。然而，如果粗略划分一下的话，就知道起码可以划分为两个子任务：烧水，泡茶。但这样还是很粗略，没有优化的余地，需要继续划分子任务，找出有并行关系的任务，进而提高效率。

在麦当劳之类的快餐店中排队，也会涉及串行和并行的问题，很多人轮到自己的时候才抬头看菜单，要花费很长时间点餐。事实上，他完全可以把排队和选菜并行，这样可以节省很多时间。

让自己拥有"多任务操作系统"的另一个方法就是切分自己的时间。从本质上来看，我们的大脑与计算机的中央处理器一样，是一次只能处理一项任务的系统。那么计算机是如何做到同时多任务处理的呢？

一个处理器在一个时间片内其实只能做一件事，因为它只有一个个体，一个时空。而多任务操作系统把一个长的时间片划分成很多短小的时间片，每个时间片只执行一个进程，在第一个时间片，处理 A 进程；当时间到了之后，无论 A 进程处理完没有，都要被挂起；在第二个时间片里，处理 B 进程，时间到了之后，B 和 A 一样被中途挂起；而后开始处理 C 进程……依次把所有任务的一部分完成之后，处理器再次循环处理，从 A 开始，直到最后一个进程。循环反复的过程中，有些任务就陆续完成了，另外一些任务将处于尚未完成状态。如果中途有新的任务进来，只需要加入循环队列即可，这样连续起来就好像是它同时运行着很多进程。

请大家注意，在这个过程当中，进程不是被任务划分为子进程，而是被处理器的时间片硬性划分为进程片。

把自己的时间切分成"时间片"是一种很难习得的能力，我花了两三年时间才可以相对自如地运用。不过这种方法通常只在任务多、时间紧的情况下使用。首先，要制订一个工作列表，把任务都罗列下来，而后把自己的时间切片。我通常使用"20分钟工作+5分钟休息"作为一个时间片，然后就开始像 CPU 一样循环处理任务。这么做可以保持相对长时间的高效率工作。

优化步骤看起来是非常简单的方法，但是需要我们反复应用，才能把这种思考模式变成一种思考习惯。当你养成这种习惯，在生活和学习中面对新任务，都会下意识地去精细拆分任务，效率就会在不知不觉间提高。

5. 有魔力的列表：让学习和生活都能井井有条

　　很早以前，我每次去超市，回家后都会发现少买了几样东西。于是，我便养成了一个做列表的习惯。具体的方法是这样：如果我决定今天去超市，那么，早上我不会直接去超市，我会先拿出一张纸，罗列出我要买的东西，然后贴在我的小白板上。一般来讲，到了上午9点钟，我总能想到一些东西添到那个列表上；到了10点钟还可能要补充，而11点钟也许又要加上一个……到了下午两点的时候，我就可以去超市了。每买到一样东西，就在列表相应的位置上打一个钩，这样，等我到家的时候，就不会因为忘买了什么东西而懊恼了。

可见在日常生活中，列表是一种非常有效的组织工具。它通常被分为等任务列表、待处理列表、核对列表等，不管它们属于哪一种，我认为列表本身非常有用。而制作、运用列表确实是一种需要练习的重要能力。

同学们也许会问，忘买东西这么小的事，值得花时间去制作列表吗？当然有必要！试想一下，如果我没有制作这个列表，当我回到家之后，发现东西买少了，我会面临两种情况，第一，我要买的东西超市里确实有；第二，我要买的东西其实超市里根本没有，所以，回去了也没用。可以想象，如果我又去超市，发现自己遇到第二种情况，我肯定会气个半死，因为时间已经被我浪费掉了。

所以，制作一个列表，往往会使你的生活和学习变得井井有条，并且保证自己不会浪费时间。

我在长期使用列表的过程中，发现我确实有些经验值得与同学们分享。首先我们来说说制作列表的工具。

在智能手机如此发达的今天，我觉得最好用的列表工具还是纸和笔。建议大家准备一个专门的小本子，里面夹上一支笔，以便随身携带。

为什么不用手机 APP 呢？其实有了智能手机后，我自己已经在用 APP 了，这些应用确实已经做得相当不错。但我仍然建议同学们使用纸笔。首先，同学们初学列表，最原始的纸和笔更方便涂改和圈画。其次，大家在用手机记录的同时，很可能会被手机上的其他东西分散注意力。所以，我建议同学们刻意地避开手机，用笔在纸上圈圈点点，能使你不受打扰，从而更快地进入学习状态。

列表的读者往往只有我们自己，用最简便的方式记录即可：大量的缩写、箭头、线条、对号、叉号以及各种各样的符号和圈圈框框……关键是你自己要能看懂。

做好了这些基本的准备工作，我们要进入最重要的一部分：一堆学习任务摆在眼前，哪些先做，哪些后做，如何排序？这是一个很重要的问题。很多专家都讲解过任务的重要和紧急与否之间的关系，以及如何分配任务的优先级。道理也很清楚：要先做既重要又紧急的事。紧急却不重要的，也可以不理会，但重要却不紧急的，反倒需要优先处理。

然而据我观察发现，大多数同学都懂得这个道理，他们也会下意识地去这样做，但他们往往弄不清楚：什么是"真的重要"和"显得重要"，以及"真的紧急"和"显得紧急"。

判断一件事情是否真的重要，标准只有一个：是否能帮助你实现目标（无论是长期，还是短期）。而判断一项任务是否真的紧急，标准却不好找，因为大家总是觉得每

一件事都很紧急。其实在我们的学习和生活当中，真正紧急的事儿少之又少，十万火急的事儿就更少了。所以我建议，你大可以不去管紧不紧急，只需要判断：这事儿是否真的重要。再往后的道理就一目了然了：真正最重要的任务永远只有一个——那个真正对你的目标实现有帮助的任务。

完成列表的过程，有点像玩通关游戏，完成一项，就勾选一项，一路过关斩将，我们的心情会非常愉悦，会有前所未有的充实感和满足感。同时，在这个过程中，我们经常会对自己的学习任务突然有了新的想法，比如：当我们在完成了背单词任务后，下一步的任务本来应该是做一份英语试卷，但是由于单词背得太顺利，你突然有冲动写一篇英语短文。这个新鲜的想法让你很激动，于是你想修改一下你的列表，把写英语短文插入其中，这当然是一个很好的主意。

但是，等一下！除非万不得已，不要中途修改你的任务列表。

练习英语写作当然是一件非常好的事，兴趣来了，当然要去做，为什么不能做呢？因为，一旦这么做了，你会发现你总是在修改计划，久而久之，计划总也完成不了。这样下去，效率反而会大打折扣。

不立刻去做，并不代表放弃，那太可惜了。其实只需要启用另一个列表，标题是"下一阶段任务列表"，把它们记下来。然后立刻回到原定计划中去，专注完成当前的任务。如果突然又出现了什么新鲜主意，依然如法炮制。这样做的好处是：任务完成之后，接下来的任务，你也已经非常清楚了。

我每天出门之前有一个习惯：在门口逐一核对一下：眼镜、手机、钥匙、钱包、书、笔记本、笔……核对无误后，我才会迈出门槛把门锁上。这就是一个利用核对列表的例子。前面提到过的去超市买东西的例子也是如此。

同学们也许会觉得很麻烦，但生活和学习从来就不是容易的事情，在完成学习任务之前做一个这样的列表，可以帮助你梳理自己的思路，避免遗漏。比如，今天上午去学校上课，下午要参加培优，晚上还要去球馆练乒乓球，那么，在你早上出门前，很有必要列一张核对列表，上课需要的课本，培优需要带的练习册，练球时穿的球服，自带的球拍……像这种需要连续完成的任务，如果遗漏了某个方面，很可能就会影响到下一步的行程，就不可避免地会浪费时间。

检查列表不一定要写下来，如果项目不超过7个，同学们可以在自己的大脑中进行检查；但是，有些任务项目比较复杂，你最好提前制作一个可以勾画的核对列表，逐

一核对，确保万无一失。

这种核对列表在准备考试时，也能派上大用场。复习的过程中，同学们可以将自己不熟的知识点，或经常出错的题列成一张核对列表。大考前夕难免焦虑，将列表拿出来多看几遍，能帮助你有针对性地复习，也能起到放松心情、缓解焦虑的作用。

同学们读到这里也许要问了：我们现在每天的学习任务都是固定的，做计划列表意义似乎不大。错，意义非常重大！随着年级的增长，学习任务会越来越多，大家会慢慢感受一旦养成列表习惯，你对付再多的任务都能游刃有余。另外，如果你在寒暑假准备尝试自学一些东西，那么，我上面提到的每一个要点，都会是你的好帮手，你会更切实地感受到它们的好处。

6. 预演：出色完成任务的重要一步

很多年前，我学编程时用的计算机还很简陋，只有固化的 48K 内存，连磁盘都没有。要是电源断了，就什么都没有了。所以，程序写出来之后，我要阅读很多遍代码，拿自己的脑子当电脑，想象每一行语句执行之后的结果……如此反复若干遍，再小心翼翼地敲进计算机，反复审核后才敢运行它。

没想到，这种工作模式后来成了我一生的习惯。这么多年以来，我在做任何事情之前，都会尝试着把将要做的事情在脑子里预演一遍甚至数遍。这个习惯真是让我受益无穷！

我在做教师培训的时候，经常被新教师夸奖说："李

老师，你在台上随机应变的能力太强了！"对此我不敢谦虚——因为他们完全夸错了，我自己太清楚自己的应变能力有多差。

我之所以"显得"游刃有余，是因为之前做过太多的准备。之所以做那么多的准备，是因为曾经出过丑——想象一下，在台上讲到一半，突然发现自己说的某句话竟然有不曾想到过的歧义，是多么窘迫的事情！所以，在准备任何一个讲演的时候，我都花费很多的时间认真考虑自己的每个观点、每个事例甚至每个句子可能引发的理解和反应，都逐一制订对策，只有这样，我才可以安心上台。

我知道，很多同学在考试之前都会非常焦虑，一想到考试就心跳加速，觉得全身的血液似乎都在沸腾，上了考场就冷汗直冒，看到试卷就大脑一片空白。有些同学甚至考完试晚上回家还要做噩梦。考试几乎成为中国学生的普遍阴影。在这里我想跟大家讲讲我的故事。很多人都不会相信，我有严重的"课前恐惧症"。每次上课之前的 5 分钟左右开始，各种症状开始并发：手心发痒、头皮发麻、眼皮狂跳（有时候左眼，有时候右眼，有时候两只眼）、后背可能开始冒冷汗（冬天也一样）……我通常要到开始讲课差不多 5 分钟之后，才能彻底摆脱这种恐惧状态。2001 年，我第一次当众演讲的时候，是以惨败告终的——

还没开始说话，突然之间低血糖，眼前一片耀眼的白光（不是"眼前一黑"），然后不得不后退几步，背靠着黑板缓缓地坐在地上，晕了过去……

索性我倒是个脸皮相当厚的人，竟然没有因为这次的惨败从此放弃，而是又接着去试，因为我认定了一个道理：第一次做不好的概率很大，且凡事如此。只要开始做了，就不断地去做，总会有进步。于是我一次次去试，到现在为止，我可以很负责任地告诉大家，我还是会紧张，且非常紧张，但我已经比较习惯了。

我并不能克服恐惧，而是仅仅做到了习惯恐惧。然而，就算是退而求其次的"习惯恐惧"，都需要努力和挣扎。努力的方法就是课前做很多很多的准备工作。我甚至为此产生了一点强迫症，准备的内容必须是实际讲课内容的两倍以上才会心安。不过，这样的恐惧倒也成为一种动力，因为我的很多课或者演讲都有了很多个版本。这样的准备使得我一旦进入状态，就变得无所畏惧。也因为知道了结果，就可以做到在开始的时候，任凭恐惧陪伴。

有些人甚至把"害怕当众演讲"与"害怕死亡"相提并论。害怕死亡的理由自然不必说，而害怕当众演讲的原因，人们却未必真的了解，其实很简单——准备不足，所以害怕。

我曾因为觉得自己缺乏急智而自卑过相当长一段时间。

直到读了一本苏联克格勃特工的自传才改变了看法。现在早已找不到那本书，也不记得主人公完整的名字。隐约记得他的真名好像叫什么年科，姑且就称呼他为年科同志吧。

书中提到，年科同志有一次被一群美国特工追杀，手中的左轮手枪已经没有子弹了，只能靠奔跑摆脱厄运。逃跑的过程中，他冲下了一段长长的大理石台阶，跑着跑着，他突然做出了一个常人无法想象的动作——停步蹲了下来。在这段时间里，追赶他的那些特工因为高度和视角的关系，无法用枪射中他。同时，他因此赢得了宝贵的七八秒，在这段时间里，得以从口袋里拿出子弹装进左轮手枪，打得追赶他的那些特工慌忙寻找掩体自保，而他最终成功逃脱。

年科同志后来回忆，当时之所以可以做出一个那么令人震惊的动作，是因为在他脑子里已经将这个动作演练过无数次，而他也设想过不知道多少种逃跑时可能发生的状况——他从一开始就知道自己早晚有一天会遇到那样的追杀。他说，所有高级特工都明白一个简单原理：任何动作演练到一定的次数，就能准确完成。而他只不过是把这个原理应用到了极致而已。

相信我的例子能给很多同学们带去帮助。不管你要面对的是一个什么样的场合——一次全班发言，一次全校演讲，甚至是中考和高考，这种预演都是不可或缺的。只有经过大量的预演或者练习，才能够在实际执行任务的过程中有出色的表现。我认为万事皆可提前准备，也认为万事皆需提前准备。只有提前准备得充分，才能在最终实际执行任务的时候，用出色的表现完成任务。

以准备高考为例，在考试前看完考场后，你就可以开始准备在脑子里预演整个考试时的情形了。早上出门要带些什么东西，由谁陪同，乘坐什么交通工具前往考场，第一门课要考什么，考前还需要看哪几个重点，或者干脆什么都不看，考完第一门后在哪里吃饭，吃些什么东西……在考试之前，以这样详细的流程每天预演一遍，你会发现你对考试越来越熟悉，紧张的心情慢慢变得松弛下来。

在这里，我父亲的一句话曾给我巨大的帮助，他说："相信我，你并不孤独。"在这里我也想把这句话送给那些被各种恐惧困扰的同学们——相信我，你并不孤独。

7. 验收：本质相同的考试与电子游戏

很多人做事半途而废，不了了之的根本原因在于，他们从未想过要给自己执行任务时的表现设计一个验收机制。最基本的验收机制是针对最终结果的，部分有经验的人因为在做事之前总是更关注步骤，并会按照要求将任务拆分成若干子任务，所以他们甚至会为每一个步骤设计相应的验收机制。

其实，我们每个人从小就开始接受这种训练，而可惜的是，这种训练从未达到预期的效果，反而适得其反。

这种训练就是"考试"。

事实上，考试是一种非常好的验收机制，学习任务的执行效果如何，通过细分后的考试——小测验、期中考试、期末考试等来验收。这种机制本来是成功完成任务所必须的，而由于种种原因，长达十数年的所谓"正规教育体系"竟然几乎使每一个人都讨厌考试。

大家为什么讨厌考试呢？原因非常多：很多老师不自觉地用考试刁难学生；又有一些老师把测验搞得太难；只要考试，就一定有人作弊，这会让另一些人觉得不公平。更深层次的原因在于，只要是考试，必然只有少数人能获得优异的成绩——如果考试题目设计得合理，这说明大多数人之前做得不够好。

人们讨厌考试的另一个原因在于，考试不仅是验收机制，还常被当作选拔机制。但有时候这二者之间难以区分。因为选拔是那么重要，无论是对选拔者还是对被选拔者来说，都很重要，所以最终连整个教育体制都本末倒置地变成了"应试教育"。

以上种种，考试虽然存在着各种问题和弊端，但是作为学生，对考试要有清醒的认识，人们从来离不开考试，也不曾离开考试，事实上，连整个人生都可能是一场考试。虽然对考试有各种纠结，但是当我们离开了学校，也要用自己考自己的方式继续学习。因为它确实是一种行之有效的办法。我下面举的一个例子，你们大概能把验收机制的好处看得更清楚。

　　大家都喜欢的电子游戏难道不也是一种考试吗？只是，游戏的设计者们更加懂得玩家们的心态，他们为玩家设计了详尽的即时回报系统，比如经验值、等级、宝物等。而且，电子游戏不仅有正面回报系统，还有负面回报系统，例如一段时间不登录就会减少经验值等。这种回报系统其实就是设计精良的验收机制。在这种验收机制的"监督"下，每个玩家都不由自主地"加油干活"，并且乐不思蜀。

　　由此可见，验收机制相当重要，对我们的学习与工作能起到非常重要的作用。从这个角度讲，我们不管遇到什么任务，都应该对其认真审视，同时向自己提出一个问题，怎样才算"做好"？如果能把任务拆分成若干子任务，那么确定"做好"的标准可能更容易达到，因为每个子任务的验收标准可能已经自然存在，起码有这样一条："如果这个做不好，那么下一个就没法开始……"

　　在日常的学习中，我们要如何使用验收机制呢？

　　第一步：在确定学习任务之后，将学习任务分成若干子任务；

　　第二步：拿出纸笔为每一个子任务预定一个验收标准。你早已不是脆弱而又不现实的完美主义者，所以你对每个子任务都不应该提出过分高的要求。当然也不能完全没有要求。

第三步：当子任务完成之时，拿出之前的记录对照核实一下，这个简单的动作有着很惊人的效果，它会让你注意到更多的细节，刺激你更多的思考，令你不由自主地更为专注。

练习：

在阅读第三部分内容时，有哪些部分你读到之后立刻就有醍醐灌顶的感觉？请组织精练的语言，将你的"感受"和"结论"写在下面：

（这个小练习是读书笔记，也是对自己的一种提醒，因为很有可能你记录下来的这些正是你学习中遇到的最大问题，当你在学习中再次遇到时，请直接翻看这些笔记，效率会更高。）

_____

_____

_____